रुद्र रचनावली

खंड-1

शिवप्रसाद मिश्र 'रुद्र' काशिकेय का काव्य

रुद्र रचनावली

शिवप्रसाद मिश्र 'रुद्र' काशिकेय की सम्पूर्ण रचनाएँ

खंड-1

सम्पादक

डॉ. मीनाक्षी मिश्र

राधाकृष्ण प्रकाशन

ISBN : 978-81-8361-867-0 (सम्पूर्ण सेट)

रुद्र रचनावली (खंड-1)

पहला संस्करण : 2018

मूल्य : ₹4000
(चार खंडों का सम्पूर्ण सेट)

प्रकाशक
राधाकृष्ण प्रकाशन प्राइवेट लिमिटेड
जी-17, जगतपुरी, दिल्ली-110 051

शाखाएँ : अशोक राजपथ, साइंस कॉलेज के सामने, पटना-800 006
पहली मंजिल, दरबारी बिल्डिंग, महात्मा गांधी मार्ग, इलाहाबाद-211 001
36 ए, शेक्सपियर सरणी, कोलकाता-700 017

वेबसाइट : www.radhakrishnaprakashan.com
ई-मेल : info@radhakrishnaprakashan.com

मुद्रक : बी.के. ऑफसेट
नवीन शाहदरा, दिल्ली-110 032

RUDRA RACHANAVALI (Khand-1)
Complete works by Shivprasad Mishra 'Rudra' Kashikey
Edited by Dr. Meenakshi Mishra

शिवप्रसाद मिश्र 'रुद्र' काशिकेय के पिता
पंडित महावीर प्रसाद मिश्र

युवावस्था में शिवप्रसाद मिश्र 'रुद्र' काशिकेय

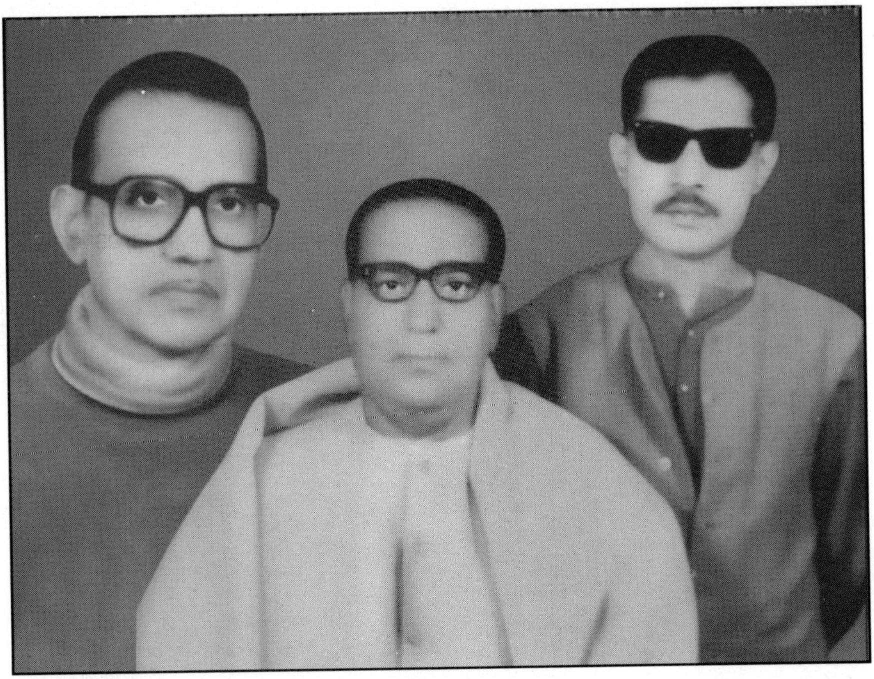

शिवप्रसाद मिश्र 'रुद्र' काशिकेय बड़े पुत्र अरविन्द कुमार मिश्र (दाएँ), छोटे पुत्र अवनीन्द्र (बाएँ) के साथ

शिवप्रसाद मिश्र 'रुद्र' काशिकेय

शिवप्रसाद मिश्र 'रुद्र' काशिकेय की पत्नी चन्द्रा देवी

● मध्य में श्रीमती कमला नेहरू एवं जवाहर लाल नेहरू ● दाएँ से सर्वप्रथम शिवप्रसाद मिश्र 'रुद्र' काशिकेय, सम्पूर्णानन्द, पीछे बलदेव प्रसाद मिश्र, रामानन्द मुख्तार, अज्ञात, आचार्य रामचन्द्र शुक्ल, प्रेमचन्द, अज्ञात ● बाएँ से सर्वप्रथम जयशंकर प्रसाद, पीछे अज्ञात, सांवल जी नागर, एल.के. झा

आत्मकथन

शिवप्रसाद मिश्र 'रुद्र' के समस्त साहित्यिक अवदान को एक साथ प्रस्तुत करने का मुझे सौभाग्य प्राप्त हुआ। रुद्र जी मेरे दादा जी थे। मैंने उन्हें देखा नहीं, लेकिन उनके साहित्यिक कार्य को देखने, सुनने और बुनने का मुझे मौका मिला। इसी से अभिप्रेरित होकर मैंने उनके समस्त बिखरे एवं दुर्लभ साहित्य को संकलित किया। यह संकलन कार्य कई दृष्टियों से महत्त्वपूर्ण है। पहला तो रुद्र जी के साहित्य का समग्रता में मूल्यांकन हो सके। सुधीजन, पाठक जन एवं शोधार्थी को अध्ययन में सुविधा प्राप्त हो सके और दूसरा यह कि रुद्र को साहित्य-जगत में एकमात्र कृति 'बहती गंगा' में समेटकर रख दिया गया है जब कि उनके अन्य साहित्यिक कार्यों पर दृष्टि डालें तो देख सकते हैं कि रुद्र ने हिन्दी-जगत को अपनी लेखनी द्वारा अल्प समय में ही बहुत कुछ दिया है।

हिन्दी साहित्य में विशुद्ध हिन्दी ग़ज़ल लेखन की एक मुकम्मल परम्परा रुद्र की 'गजलिका' (1955) से ही प्रारम्भ होती है। इसमें हिन्दी की भावभूमि पर उर्दू का तर्ज़बयाँ मिलता है। लघु कलेवर में रचित 'तुलसीदास' खंडकाव्य तुलसी के आविर्भाव, उस युग की जटिल परिस्थितियाँ, परतंत्रता की बेड़ी में जकड़ी जनता को त्राण दिलाने के लिए भक्ति रस में पगे वचन एवं तुलसी की सम्पूर्ण जीवन कहानी को संक्षिप्त एवं सहज गेयात्मक रूप में प्रस्तुत करता है।

रुद्र जी का दूसरा उपन्यास 'सु-चि-ता-च' प्रेमपरक संवेदना पर आधारित है। यह उपन्यास अपनी प्रयोगशीलता के कारण विशिष्ट है। इसकी सर्वप्रमुख प्रयोगशीलता इसके नामकरण में है। उपन्यास के चार प्रमुख पात्रों के नामों के प्रथमाक्षर से इसका नामकरण किया गया है। 'सु' से सुमित्रा, 'चि' से चित्रा, 'ता' से तारा, 'च' से चन्द्रा। जो विषयबोध, शिल्पाधार और औत्सुक्यवर्धक है। मानवीय प्रेम के विविध रूप इसमें न्यस्त हैं।

'रामचरितमानस' के सोपानों को आधार बनाकर तुलसीदास की रामकहानी 'रामबोला रामबोले' उपन्यास की भी रचना की। यह उपन्यास तुलसी की प्राणमयी जीवनधारा एवं काशी और उनके पारस्परिक सम्बन्धों को व्यंजित करता है। रुद्र की यह रचना पूर्ण होती तो तुलसी पर आधृत प्रथम महाकाव्यात्मक उपन्यास होता जो प्रयोग एवं शिल्प दोनों ही रूपों में रुद्र की तार्क्ष्याधिष्ठित दृष्टि का परिचय देता।

काशी को समग्रता से जानने के लिए 'बहती गंगा' के अलावा साहित्य-जगत् में अन्य कोई भी रचना देखने को नहीं मिलती। काशी के लगभग दो सौ वर्षों की घटनाओं ने इसकी सत्रह तरंगों में स्थायित्व प्राप्त किया है। काशी की बोली (काशिका) काशी के विविध रंग, काशी के दर्शन, काशी की ऐतिहासिकता आंचलिकता का अनुपम संगम और स्वतन्त्रता प्राप्ति के लक्ष्य में काशीवासियों के अनुपम योगदान को इसमें चित्रित किया गया है।

हिन्दी कथा-साहित्य के क्षेत्र में रुद्र जी अपने अभिनव शिल्प योजना के कारण सदैव चर्चित रहे हैं। इनकी कहानियों में—मानवीय विश्लेषण, यशस्वीयश, मत्स्यगंधा, कमच्छा का जादू, दमड़ी औ दुकड़ाकऽ नाइके सेंधुरवा, अलाप की उत्पत्ति कोतवाल पाण्डेय, दधीचि के अस्थिदान की कहानी, जुझौअल है। ये कहानियाँ ऐतिहासिक, पौराणिक एवं सामाजिक जीवन के प्रायः सभी धरातलों को स्पर्श करती हैं तथा इनके साथ ही उनमें आदर्श, दर्शन, व्यंग्य एवं हास्य के पुट भी बड़े करीने से पिरोये दिखते हैं।

रुद्र जी नाटककार के साथ ही कुशल अभिनेता थे। उन्होंने अधिकांश नाटकों की निर्मिति हिन्दी रंगमंच की श्रीवृद्धि के लिए की। उनके द्वारा रचित नाटकों में महाकवि कालिदास, दशाश्वमेध, विजयसेना, रक्तरोचना, जायसी का स्वप्न, संन्यासी शंकर, विष्णुपुर की नूरजहाँ, गुनाहे ग़ालिब, देहि पद पल्लव मुदारम हैं। इनमें से कुछ नाटकों की रूपरेखा उन्होंने तैयार की किन्तु अस्वस्थतावश उनके ये नाटक पूर्ण न हो सकें और जो नाटक पूर्ण हुए उनमें 'महाकवि कालिदास' और दशाश्वमेध तो प्राप्य हैं, अन्य काल के गहन अंधकार में विलुप्त हो गये हैं। उनका पता लगाना अत्यन्त दुष्कर है। ऐतिहासिक नाटकों की परम्परा की एक महत्त्वपूर्ण कड़ी 'महाकवि कालिदास' एवं 'दशाश्वमेध' नाटक है। रुद्र जी ऐतिहासिक वृत्तों के बहुत बड़े ज्ञाता थे और यही कारण है कि अनेक ऐतिहासिक घटनाओं एवं चरितों के माध्यम से अपने कथा-साहित्य एवं नाटकों को समृद्ध किया है।

रुद्र जी कवि, सशक्त कथाकार, सधे हुए व्यंग्यकार, मंचीय कौशल से युक्त नाटककार के साथ ही प्रखर निबन्धकार, समीक्षक, गम्भीर अध्येता एवं सचेत पत्रकार थे। उनके लेखों में–काशी के तीर्थाध्यक्ष, लघुता की महत्ता, गुंडोत्पत्ति, राम रजाई, गंगा लहरी : एक परिचय, कजली और झूला, रस निष्पत्ति का वैज्ञानिक आधार, नटराज नगर के नट नाटक और कलाकार, ख़ाक भी जिस ज़मीं की पारस है शहर मशहूर वह बनारस है। निबन्धों में, हिन्दी के कुछ पुराने छन्द, भारतेन्दु की हिन्दीतर रचनाएँ, रत्नाकर जी का उद्धव शतक हैं। संस्मरण एवं रेखाचित्रों में–पैंतालीस वर्षीय मेरा बेढब सान्निध्य, नवाब सन्दस की कोठी, व्यक्तित्व एवं कृतित्व : श्री देवकीनन्दन खत्री, मरण और संस्मरण : 'उग्र'। समीक्षक रूप में उन्होंने 'विद्यापति और उनकी पदावली, ताजमहल राजपूती महल था, आँसू की चार बूँद की विवेचना की। रुद्र जी ने शोधकर्ता के रूप में अनेक श्लाघनीय कार्य किए हैं। उनके महत्त्वपूर्ण शोध कार्य हैं—महाकवि सन्त जयदेव, पद्मावती, जयदेव के सहयोगी कवि, जयदेव के आश्रयदाता लक्ष्मणसेन।

रुद्र जी का बातों को दो टूक तथा बेलाग कहने का स्वभाव पत्रकारिता के क्षेत्र में ज़्यादा मुखरित हुआ है। उनकी व्यंग्योक्तियों एवं पैने अग्रलेखों को रचनावली के प्रथम खंड एवं द्वितीय खंड में सम्मिलित किया गया है।

सम्पादक रूप में अनेक महत्त्वपूर्ण कृतियों का सम्पादन किया। उनमें तेगअली और काशिका, चीन को चेतावनी, सत्य हरिश्चन्द्र, छिताई वार्ता, हकायके हिन्दी, रास और रासान्वयी काव्य, हिन्दी साहित्य का वृहत् इतिहास, खंड-10, नाथसिद्धों की बानियाँ, भारतेन्दु ग्रन्थावली हैं। इन ग्रन्थों में लिखा गया उनका परिचय उनके महत्त्वपूर्ण शोधपरक कार्य का परिचय देता है।

शिक्षण शास्त्र हेतु 'अध्यापन कला' पुस्तक की रचना आचार्य सीताराम चतुर्वेदी के साथ सम्मिलित रूप से की थी।

रुद्र की काव्य-साधना के विविध स्तर दिखलाई पड़ते हैं, जिनमें विविध बोलियों में रचित कविताएँ, गीत, तुलसीदास (लघुखंडकाव्य), गजलिका (ग़ज़ल-संग्रह) एवं काव्यानुवाद है। काशिका में 'गुरु बनारसी' एवं 'गुरु घंटाल' उपनाम से छपी उनकी कविताओं में एक ओर बनारसी मस्ती, हास्य एवं व्यंग्य का पुट मुखर होता हैं तो दूसरी ओर भारतीय संस्कृति एवं समाज के प्रति उनकी प्रतिबद्धता दीखती है। समसामयिक, सामाजिक व राजनीतिक घटनाओं एवं उथल-पुथल के प्रति भी वे सर्वथा सजग रहे हैं और आवश्यकता पड़ने पर तीखीं नोंक वाली व्यंग्य रचनाओं से चोट भी की है, जैसे—'चीनी चोर घुस रहा घर में, जागो घर के पहरेदार...' काव्यानुवाद रूप में उन्होंने गीत-गोविन्द का अनुवाद किया।

रुद्र जी भारतीय परम्परा के प्रति सम्यक् आस्था के साथ ही नवमूल्यान्वेषी रचनाकार रहे हैं। उनके साहित्य में उनके जीवन की समग्र साधना अपनी उत्कृष्टता के साथ सन्निविष्ट है।

रुद्र रचनावली को विधाओं के आधार पर चार खंडों में विभाजित किया गया है। यथा- काव्य साहित्य, गद्य साहित्य, कथा साहित्य एवं सम्पादित साहित्य। प्रथम खंड- शिवप्रसाद मिश्र 'रुद्र' काशिकेय का काव्य साहित्य है। इसके अन्तर्गत ब्रजभाषा, खड़ी बोली, मिश्रित बोली, काशिका (बनारसी बोली) की कविताएँ हैं। ये कविताएँ हंस, तरंग, ख़ुदा की राह पर, दैनिक आज, सन्मार्ग, उलूक, प्रसाद आदि पत्र-पत्रिकाओं में प्रकाशित हुई हैं। कुछ अप्रकाशित कविताओं को भी इसमें सम्मिलित किया गया है। गीत खंड के अन्तर्गत उनके अप्रकाशित गीतों को रखा गया है। तत्पश्चात् तुलसीदास (1952), गजलिका (1955) एवं गीतगोविन्द काव्यानुवाद (वासंती, 1957) को क्रमवार रखा गया है। द्वितीय खंड- गद्य साहित्य के अन्तर्गत रुद्र जी के लेखों, निबन्धों, नाटकों, अध्यापन-कला (पुस्तक) शोधपरक कार्य, संस्मरण, रेखाचित्र एवं पुस्तक समीक्षा को संकलित किया गया है। तृतीय खंड- कथा साहित्य के अन्तर्गत उनके उपन्यास 'बहती गंगा', 'सु-चि-ता-च', 'रामबोले रामबोला' (अपूर्ण) एवं विविध कहानियों को सम्मिलित किया गया है।

चतुर्थ खंड- सम्पादित साहित्य में उनकी सम्पादित कृतियाँ एवं कुछ कृतियों की भूमिकाओं को सम्मिलित किया गया है।

रचनावली के सम्बन्ध में महत्त्वपूर्ण सुझाव वरिष्ठ आलोचक प्रो. मैनेजर पाण्डेय, प्रो. रंगनाथ पाठक, श्री कुँवर जी अग्रवाल, धर्मशील चतुर्वेदी, डॉ. राजेन्द्र उपाध्याय, डॉ. अमित कुमार पाण्डेय से प्राप्त हुए हैं जिनके सत्परामर्श एवं सहयोग के लिए मैं हृदयगत आभारी हूँ। पिता श्री गोपाल जी मिश्र ने रचनावली के सामग्री संचयन में अथक परिश्रम किया है। इनके असीम सहयोग से मैं सदैव अनुप्राणित रही हूँ।

रुद्र रचनावली के सम्पादन में मुझे विविध पुस्तकालयों एवं संस्थाओं से यथोचित सहायता प्राप्त हुई है। उनमें मुख्य हैं : आर्यभाषा पुस्तकालय, काशी, कारमाइकेल लाइब्रेरी, काशी, सयाजीराव गायकवाड़ पुस्तकालय (का.हि.वि.वि.), भारत कला भवन (बी.एच.यू.), मानस-मयूख पुस्तकालय (तुलसी मानस मंदिर), वाराणसी। इन पुस्तकालयों के कर्मचारियों एवं अधिकारियों का मुझे विशेष सहयोग प्राप्त हुआ है।

मैं इस रचनावली के प्रकाशक श्री अशोक महेश्वरी जी की विशेष आभारी हूँ, जिन्होंने इस रचनावली को पाठकों तक प्रस्तुत किया।

रचनावली के टंकणकर्ता श्री मुश्ताक अहमद को भी साधुवाद देती हूँ, जिन्होंने बड़ी तन्मयता से नियत समय में इस कार्य को सम्पन्न किया।

–डॉ. मीनाक्षी मिश्र

दो शब्द

शिवप्रसाद 'रुद्र' काशिकेय काशी के साहित्यकारों की गौरवशाली परम्परा के महत्त्वपूर्ण हस्ताक्षर हैं। विलक्षण प्रतिभा सम्पन्न साहित्यकार के रूप में उनकी ख्याति सर्वविदित है। अपने उत्कृष्ट साहित्य-सृजन के माध्यम से उन्होंने हिन्दी साहित्य की उल्लेखनीय श्रीवृद्धि की है। बहुआयामी व्यक्तित्व से सम्पन्न रुद्र जी उत्कृष्ट कवि, प्रखर कथाकार, सिद्धहस्त नाटककार, कुशल मंच अभिनेता, अध्येता, काशिका के उन्नायक, यशस्वी पत्रकार एवं कुशल संपादक के समवेत अवतार थे। इन सभी रूपों में उनका सृजनशील व्यक्तित्व उत्कृष्ट रहा है।

रुद्र ग्रंथावली का यह प्रथम खंड 'रुद्र' काशिकेय की काव्य-साधना का दस्तावेज़ है, जिसमें उनकी उपलब्ध सभी कविताओं का संकलन है। एक कवि के रूप में उन्होंने 'गजलिका' (ग़ज़लों का संग्रह) 'तुलसीदास' (लघुखंडकाव्य), गीत एवं विविध बोलियों (ब्रजभाषा, खड़ी बोली, बनारसी बोली, मिश्रित बोली) में अनेक प्रकार की कविताओं एवं व्यंग्यात्मक स्तम्भों की रचना की है। काशिका शैली के प्रवर्तन एवं उसमें प्रचुर साहित्य-सृजन का श्रेय भी रुद्र जी को है। वे इस बोली में रचना के पुरस्कर्ता एवं अंतिम सोपान माने जाते हैं। विभिन्न भाषाओं एवं बोलियों में रचित उनकी कविताओं के साथ ही रुद्र जी का खंडकाव्य 'तुलसीदास' अत्यन्त महत्त्वपूर्ण है। 'गजलिका' की भूमिका में उन्होंने हिन्दी ग़ज़ल को सही पहचान एवं अर्थवत्ता प्रदान की है। उनका मानना है कि हिन्दी में ग़ज़लें उर्दू से पहले लिखी गईं। उनके अनुसार जब फ़ारसी ग़ज़लों के अनुकरण पर भारतीय मुसलमानों ने ग़ज़ल लिखना आरम्भ किया। उस समय उर्दू शैली का विकास तो क्या जन्म भी नहीं हुआ था। वे इस संदर्भ में अमीर खुसरो की ग़ज़ल के उदाहरण भी पेश करते हैं। आगे चलकर हिन्दी और उर्दू ग़ज़लों का विकास अलग-अलग हुआ। रुद्र जी ने संस्कृत के सर्वोत्कृष्ट गीतकार एवं कवि जयदेवकृत 'गीत गोविन्द' का काव्यानुवाद गेय रूप में और उसी छन्द में किया है। गीत गोविन्द के पदों के विषय में अनेक शोधात्मक तथ्य भी प्रस्तुत किए हैं।

रुद्र जी को विभिन्न साहित्यिक एवं नाट्य संस्थाओं से जुड़ा हुआ पाते हैं। काशी नागरी प्रचारिणी सभा, काशी हिन्दू विश्वविद्यालय, हिन्दी साहित्य सम्मेलन, लाला भगवानदीन साहित्य महाविद्यालय, दीन सुकवि मंडल, भोजपुरी संसद, शनिवार गोष्ठी, रत्नाकर-रसिक-मंडल, विक्रम परिषद एवं नटराज आदि से उनके अभिन्न सम्बन्ध थे।

पत्रकारिता के क्षेत्र में भी रुद्र जी की विशिष्ट उपलब्धि रही है। वे विभिन्न पत्र-पत्रिकाओं से सम्बद्ध रहे, जिनमें दैनिक आज, संसार, सन्मार्ग, हंस, भूत, सूर्य, खुदा की राह पर, तरंग, नागरी पत्रिका, वासन्ती, प्रसाद, त्रिपथगा, आँधी एवं रक्षक आदि पत्रिकाओं में उनकी रचनाएँ निरंतर प्रकाशित होती रही हैं। अपने बहुरंगी काव्य-कुंजों में रुद्र जी ने 'गुरु बनारसी' एवं 'गुरु घंटाल' उपनाम से बनारसी बोली में कविताएँ लिखकर सर्वाधिक प्रसिद्धि पाई। दरअसल, वे उदात्त मनोभावों के रचनाकार रहे हैं। उनकी कविताओं में एक ओर सहृदयता, मादकता, मोहकता, अल्हड़ता एवं हास्य व्यंग्य के दर्शन होते हैं तो दूसरी ओर चिंतनशीलता, भावुकता, देशप्रेम एवं सांस्कृतिक चेतना की झलक प्राप्त होती है। इन सबके साथ-साथ रुद्र जी की कविताएँ सामाजिक सरोकारों से भी संवाद करती हैं। कश्मीर पर पाकिस्तानी हमले से क्षुब्ध होकर उन्होंने उद्‌बोधन गीत लिखा–'कमर कसऽ कश्मीर बचावऽ' जो राष्ट्रीय प्रेम एवं समकालीन जीवन के सरोकारों की अप्रतिम उदाहरण है। देश-प्रेम के साथ ही विश्व संस्कृति एवं विश्वमानवता के प्रति भी उनमें गहन संवेदना दीखती है। भाषायी विविधता, शब्द-शिल्प-चातुर्य एवं बनारसी अन्दाज़ के कारण अपने समकालीन रचनाकारों से रुद्र जी कुछ अलग दीखते हैं। उनकी प्रमुख औपन्यासिक कृति 'बहती गंगा' में उनकी रसज्ञता एवं इतिहासबोध अपने उत्कर्ष पर दीखता है और उसे पढ़ते हुए अलग-अलग तरंगों में विचित्र काव्यात्मक लहरों की सरणियाँ दीखती हैं।

निश्चय ही रुद्र का काव्य संसार अपने व्यापक परिप्रेक्ष्य में मानव कल्याण एवं साहित्य के नित-नूतन उन्मेष का सार्थक अनुष्ठान है। जो श्रेयगर्भित एवं प्रेय समन्वित है। उनके काव्य में विकासोन्मुख भारतीय समाज की संक्रांति एवं अन्याय के विरुद्ध क्रांति दोनों ही ध्वनियाँ सहज श्रवण-सुलभ हैं। परिवेश के प्रति गहरी संलग्नता के बावजूद उनकी रचनाएँ परजीवी, पराश्रित या अनुवर्ती नहीं हैं। उनकी अपनी स्वायत्तता एवं अपना रूतबा है। उनके साहित्य की दुनिया का दरवाज़ा बाहर एवं भीतर दोनों ओर खुलता है और दोनों ओर से स्पंदित होता हुआ उनकी सर्जनात्मकता को गति, ऊष्मा एवं ऊर्जा प्रदान करता है। उनके लिए साहित्य जीवन का पर्याय जैसा था और उन्होंने ज़िन्दगी को भी सर्वदा व्यापक अर्थ में ग्रहण किया।

सुश्री मीनाक्षी मिश्र ने अथक प्रयास कर उनके बिखरे साहित्य को क्रम से अलग-अलग खंडों में प्रकाशित करने का शुभ संकल्प लिया है। यह खंड उसी प्रयास का प्रथम चरण है। इससे काशी के अतीत के साहित्य-जगत को एक नया आलोक मिलेगा जिसे हम अब तक ठीक से नहीं देख पाये हैं।

–प्रो. रंगनाथ पाठक
हिन्दी विभाग
काशी हिन्दू विश्वविद्यालय, वाराणसी

अनुक्रम

काव्य

तुलसीदास
लघु खंडकाव्य

ग़ज़ल-संग्रह
गजलिका

गीत गोविन्द

काव्य

ब्रजभाषा

दिग्गज के सुंड से गठीले चटकीले चारु

दिग्गज के सुंड से गठीले चटकीले चारु,
जंघ औ गुलुफ दोऊ कलुष हरन हैं।
जग में बिछत जाके लोचन तिलोचन के,
भव भय मोचन के मूरि अमरन हैं।
दानव दराजराज साजत समाज सब
ताहि तोखे की सदा राखत परन हैं।
दंभ के दरन हैं, अरम्भ सुषमा के 'रुद्र'
माँ के सृष्टि-खंभ लौं विराजत चरन हैं।।

(1928)

जननी कर पल्लव मैं बसिकै

जननी कर पल्लव मैं बसिकै
तव मोद विनोद घनेरौ कियौ।
सिसुता तुमको तजिगौ पै तऊ
निसि द्यौत तितै तित फेरौ कियौ।
कहि, 'रुद्र' भयौ मन मेरौ बिहगम
नेह कै खूब निहोरौ कियौ।
पुनि जौ तन कै बन मैं उड़िकै
तरुनी तरु पाइ बसेरौ कियौ।।

(1939)

झाँकि झँझरीनितें कटीली भौंह ऊँची करि

झाँकि झँझरीनितें कटीली भौंह ऊँची करि
छाती छोपि छैलहू की छाँटति झरोखे तें।
करिकै सिंगार रूप भार ले अपार झुकि
ढुकि-ढुकि डाँकि-डाँकि डाँटति झरोखे तें।
छलिकै छबीली छाया डारी जिन आँखिन में
खींचि चित्र सी ही तिन्हैं, साँटति झरोखे तें।
आये जे पिया से खाए तिन पै दया से रसि
रूप रस छानि-छानि बाँटति झरोखे तें।

(1953, सन्मार्ग)

बहु बाजति ढोल, अमोल कपोल

बहु बाजति ढोल, अमोल कपोल
बड़े मधु बोल अमी रस में।
बढ़ि रास-विलास हुलासनि में
नहिं राखि कछुक कमी रस में।
उमड़ावति मोद समुद्र न क्षुद्र कि
'रुद्र' रंगीली जमी रस में।
गुनि गावति फाग, सुनावति राग,
भरीं अनुराग रमी रस में।।

(1953, सन्मार्ग)

रंगु गयो उड़ि पाछिलो री, पट

रंगु गयो उड़ि पाछिलो री, पट-
भूमि कहूँ कछु चीर गयो है।
चाँदनी-सी मुरझाइ रही उठि,
भौंरन को कहुँ भीर गयो है।
छाँह भरी जमुना तट-त्यागि कै,
दूर ही लै निज नीर गयो है।
स्याम के हाथ लिखी व्रज की,
सखि, धूमिल है तसवीर गयो है।।

(1970, 'आज', स्वर्ण जयन्ती विशेषांक)

खड़ी बोली

धर्म

भगवन पड़ी अब धर्म पर
कठिन-सी है आपदा।
याद रखिए पार्थ से-
कुरुक्षेत्र में था जो कहा।
था कहा जब होंगी बातें-
धर्म की सब दुःखदा।
फिर आय कर अवतार लूँगा
इस जगत् में सर्वदा।

(1918)

रह अमर सदा मेरे अभाव

रह अमर सदा मेरे अभाव,
नयमों में बनकर अश्रु-स्राव।
भव-विभवों के अन्तिम अनुभव,
इस अन्तस्तल के अविरत रव।
दिखला स्वरूप निज नित अभिनव,
जीवन रस के बन कर विभाव।
घिर घिर कर बिखरें सुघन जाल,
हो कभी न पूरा सरस ताल।
चातक के जीवन का सवाल,
बढ़ता नस नस में रहे चाव।
काँटों से बिंधता रहे फूल,
सैकत हो सरिता का दुकूल।
तू खटके बन कर सदा शूल,
रे रे अभाव! जग के स्वभाव।

स्थिर रहे सदा स्वर्णाभिलाष,
बढ़ती यश की भी रहे प्यास।
प्रिय मिलन न हो पर रहे आश,
पूजे न हृदय का कभी घाव।

(1933-34, 'हंस' का काशी अंक)

हम बन गये वही जो किसी ने बना दिया

हम बन गये वही जो किसी ने बना दिया
पानी के बुलबुले थे हवा ने मिटा दिया
हिन्दु के मुख में आग, मुसमां के मुख में ख़ाक
इसके सिवा किसी को जमाने ने क्या दिया।

(1936)

हमने अब जीने का अन्दाज़ बदल रक्खा है

हमने अब जीने का अन्दाज़ बदल रक्खा है
अपने अफ़साने का उनवान ग़ज़ल रक्खा है।
मेरे ख़्वाबों की भी मुमताज महल थी कोई
मेरे कमरे में भी एक ताजमहल रक्खा है।।

(1936)

प्रेयसी अनुराग घोलो

प्रेयसी अनुराग घोलो!
आज मानस हो रहा है अधिक उर्म्मिल,
झड़ रहे हैं फूल वचनों के निखिल खिल,
रंगिणी! वह रंग बरसा दो कि जिससे,
शुष्क से हो भावना की भूमि पिच्छिल।
एक क्षण ठहरो, सँभलकर चरण तोलो।
प्रेयसी अनुराग घोलो!

स्नेह से गीले रंगीले फूल-फल हैं,
और हरिताभामयी लतिका सरल हैं,

रंग रहे हैं आज रंग में व्योम अवनी,
और अनुरञ्जित हुए मानस सकल हैं।
देवि! देखो, निज रंगीली पलक खोलो।
प्रेयसी अनुराग घोलो!

कह चुकी शशि से निशा अपनी कहानी,
उठ गयी अपने महल में उषा रानी,
झाँकती अनुरागमय निज नयन से वह,
हो रहा है रंग जिससे आज पानी।
क्यों न तुम भी उठ लहर-सी लोल डोलो।
प्रेयसी अनुराग घोलो!

स्नेहमयि! सज लाल पीली धारियों से,
एक कलिका-सी उठो नव क्यारियों से।
आज शुष्क विवर्ण मुख संसार का है,
दो उसे रंग प्रेम की पिचकारियों से।
थक गई पिक, पिकबयनि! अब आप बोलो।
प्रेयसी अनुराग घोलो!

(1940, खुदा की राह पर)

निराली है मेरी काशी, मेरा शंकर निराला है

निराली है मेरी काशी, मेरा शंकर निराला है।
भली भोली मेरी काशी, मेरा शिव भोला भाला है,
जो यह त्रिशूल वाली है, तो वह त्रिशूल वाला है,
इधर पग पर पड़ी गंगा, उधर सर पर खड़ी गंगा।
इधर गंगा, उधर गंगा, तरंगावलित माला है,
इधर विजया बना करती, उधर विजया छना करती।
उभय रस रंग की ठनती, गरम अद्भुत मसाला है।।

(1942)

ऐसी लगी है आग कि बन-बाग जल रहा

ऐसी लगी है आग कि बन-बाग जल रहा
दिल में सभी के गम में दबा दाग़ जल रहा

अस्मत भी जल रही है, लो ईमान जल रहा
इंसान की जलन में इंसान जल रहा,
घर जल रहा है और तै असबाब जल रहा
नदियाँ हैं पाँच फिर भी पंजाब जल रहा।

(1947)

वन्देमातरम्

वन्देमातरम्
अबलाम् विकलाम्
बलतः विभक्ताम्
रुधिर-रजिताम् मातरम्
कुटिल कालिमा कलित कामिनीम्
यवन पददलितव्रण शोभिनीम्
विलापिनीम्
जनधन भवन प्रदग्धाम्
दुःखिताम् मातरम्।।

(1947)

शे'र पंच नद का प्रतापी

शे'र पंच नद का प्रतापी जब जगा तब मार के,
दहाड़ एक जाति को जगा दिया।
रक्त से रंगे हुए औरंग़जेबी शासन को,
मुक्त कर आसन को ठोकर लगा दिया।
'रुद्र' को नचा दिया समुद्र को नचा दिया,
गा दिया रंगीला रंग-राग एक बार फिर,
गुरु गोविन्द सिंह ने गोविन्द गीत गा दिया।

(1947, गोविंद सिंह जयन्ती पर)

पैरों से दे के ताल हम पाताल तोड़ेंगे

पैरों से दे के ताल हम पाताल तोड़ेंगे
धरती की छाती चीर चीर गल्ला उपजाना पेशा है,

इस रेगिस्तानी दुनिया में हरियाली लाना पेशा है
नित उदर-उदर में जलने वाली आग बुझाना पेशा है,
ईश्वर मालिक है हम किसान परवाह नहीं करते यम की
जीवन के ऊबड़-खाबड़ में पगडंडी है मेरे श्रम की।

(1949)

एक अन्तरराष्ट्रीय गद्य-काव्य
'आँधी'

जलकर कोयला बन जेठ के गगन में,
जोरदार आँधी उठी।
भवन भवन में।

*

पवन प्रमत्त उठा गरज तरजकर,
सागर की बीचिमाला अस्त-व्यस्त करके।
रुद्रका निनाद घोर भैरव सुनाई पड़ा,
दौड़ा जो विभीषिका की झोंटी झट धरके
गुण्डा लिये जाता हो जैसे तरुणी को घर
दङ्गे के अवसर पर।

*

परम रँगीले गीले भारतीय नभ के–
सुन्दर सु–मुख पर
कालिखकी राख पोत,
जोरदार आँधी उठी
और जान ऐसा पड़ा
जैसे कोटि राजहंस वंश निज साथ लिए
उड्डयनशील बन तनके उड़े जाते हो
और फिर उनके ही–
डैनों की लपेट में प्रभंजन चपेटता हो।

*

दौड़ पड़ा गोबी की धू धू मरुभूमि में,
अपनी नकेल तोड़
ऊँट भी कबीलों का
बालू की राशि पर गद्‌गद चरण पड़े।

उड़ने लगे इतने से विप्लव स्फुलिंग घोर,
शोर हर ओर हुआ–
रूस से ब्रिटेन तक,
दुर्गम अफ्रीका के जंगलों से उठकर
चकिया सरगुजा तक।।

*

एक चिनगारी उसी आँधी में उड़के गिरी
आँगन में भारतीय ललना ललाम के।
उसको लपक के लिया भारतीय तितली ने
निधि-सा छिपाया इसे ब्लाउज में कसके–
और फिर हँस के–
सामने पुरुष पुंगवों के वह बोल उठी।
'प्रभुता बिसार दो,
हमको अधिकार दो,
दे सकें तलाक हम।
जानते नहीं क्या तुम, नारद ने क्या कहा?
माता की जाति हम निश्चय गोमाना हैं,
नयी नयी घास नित्य चरने को चाहिए,
'...आया समझ में बैल।'
अद्‌भुत आँधी उठी!
साबुन लगाके वस्त्र टाँगे थे सबेरे जो
विमल बरामदे में–
वे भी साले ऐसे उड़े जैसे चले एरोप्लेन
युद्धक, विध्वंसक मालवाहक, डकोटा आदि।
होनोलूलु हांगकांग, टिम्बकटू, फ्रान्स को।।
भीषण तूफान है!
भीषणतम उसकी हुई है प्रतिक्रिया।
गङ्गा, टेम्स, राइन, मिसिसिपी, डैन्यूब में
यांगटिसीक्यांग में लहर लहराती है।
नाचतीं उसी के साथ साथ ही तपोवन में
ऋषियों की बालिकाएँ सुन्दरी मयूरी-सी;
धर्मवीर दल के वीर ताकते सतृष्ण नैन
जूठी पत्तलों को उड़ीं सेठ के जो घर से–
आँधी में चिल्होर जैसी।।

*

विकट विपर्यय हुआ!
'सत्य' औ 'अहिंसा' ही जिनका सिद्धान्त था,
उनके सिद्धान्त में एक वर्ण 'अ' था;
'हिंसा' की खोपड़ी से आंधी में वह भी उड़ा
और बैठा जाके वह 'सत्य' के ही सिर पर।
उसके फलस्वरूप 'सत्य' भी 'असत्य' हुआ
अब तक 'अहिंसा' जो थी 'हिंसा' गयी बन वह।।

*

वाह रे विपर्यय यह!
विरहीको भूल गयी सारी प्रेम व्यर्थता,
भूल गया क्लर्क तक अपनी दरिद्रता,
भूला सम्पादक को अग्रलेख शीर्षक
(मछली पकड़ना तक भूल गया पाजी बक!)
('मिल' पर कब्जे का सपना मजदूर भी
दिन में लगा देखने–
अपनी उन्हीं आँखों ने,
जिनसे कम्युनिस्ट कवि
कुली की कुलाङ्गना का मुख नहीं देखते
भूख और श्रम से विशीर्ण लटका हुआ।
किन्तु देख लेते हैं–
अंगिया के भीतर भी डाल दृष्टि
चिचुका कुच
लटपटी आँखों से।
ऐसी घोर आँधी है!।

(1950, तरंग)

चाचा है नेहरू

सरल कर्मणा मनसा वाचा है नेहरू।
बना प्रेम का नेक साँचा है नेहरू।।
जवाँ है जवानों में, बूढ़ों में बूढ़ा
व बच्चों में बच्चों का ढाँचा है नेहरू।।
न डरना कभी जानता है किसी से।
कि भारत का सचमुच दिवाचा है नेहरू।।

बहकते रहे हैं जो साम्राज्यवादी
उन्हें जड़ रहा अब तमाचा है नेहरू।।
नचाते रहे दूसरों को उन्हें अब
नचाता रहा, खुद न नाचा है नेहरू।।
भले बेधड़क वह हो दुनियाँ का नेता
मगर बालकों का तो चाचा है नेहरू।।
भतीजे सभी ये चाचा के चचा हों
यही चाहता और क्या चाहता है नेहरू।।

(1951, तरंग)

चाचा नेहरू

अक्ल का जैसे गढ़ा है एक साँचा नेहरू।
खूब कस कसके लगाता है तमाचा नेहरू।
चींचपड़ सामने उसके न कोई कर पाता,
सब भतीजे हैं मगर एक है चाचा नेहरू।।

नाच में युद्ध के क्या ठाट से नाचा नेहरू।
टोकरी और हैं, पर अक्ल का खाँचा नेहरू।
है जवानों में जवाँ और जईफ़ों में जईफ़,
और बच्चों में तो बच्चों का चाचा नेहरू।।

घर से भी ज़्यादा चमकता जो सदा बाहर है।
शक्ल बूढ़े की मगर दिल से नया नाहर है।
जौहरी हम हैं मिला हमको तो घर बैठे ही,
जिसके जौहर की मची धूम वह जवाहर है।।

गोलियाँ खेल ले कच्ची, नहीं कच्चा नेहरू।
काम पक्का है औ' नाम का सच्चा नेहरू।
यों तो कहने को बुजुर्गों में गिनती उसकी,
गौर से देखो तो बच्चों में है बच्चा नेहरू।।

जन्म से जिसने कि बूढ़ों का है भेजा पाया।
हाथ में जिसने जवानी का है नेजा पाया।
साथ ही जिसके जिगर दर्द भरा पाया है,
और बच्चों-सा है मासूम कलेजा पाया।।

उनकी ख्वाहिश है सभी काम में सच्चे बन जायँ।
उसकी ख्वाहिश है कि कच्चों से न कच्चे बन जायँ।
अपनी ख्वाहिश है सलामत रहें तब तक नेहरू,
जब तलक चाचा के चाचा न ये बच्चे बन जायँ।।

(1951, तरंग)

देश के प्रहरी

चीनी चोर घुस रहा घर में
जागो घर के पहरेदार।
चिल्लाते हैं दिग्पति चारों,
मारो, मारो, मारो, मारो।
चढ़ा चीन का केतु दुष्ट ग्रह,
फहर-फहर कर धीरे-धीरे,
इस भारत का सूर्य ग्रहण से
ग्रस्त-त्रस्त सा हिमगिरि तीरे
खड़ा काल चाण्डाल प्राण का
दान इसे दो पुण्य पर्व है
शिव दधीचि के वंशज हैं हम
अस्थि दान का हमें गर्व है
कर नेफा को कुरुक्षेत्र प्रिय
रण-गंगा में पात पखारो।

(1962)

अब एकमात्र यम का महापाश ही बचा!

पदतल धरा न शीश पै आकाश ही बचा,
काशी बची न उसका जनक काश ही बचा।
मन मनु उदास क्यों न फिरे, उसके पास जब,
मधु सोम पात्र भी न पुरोडाश ही बचा।
क्षिति, जल, अनिल, अनल न बचे अब मेरे लिए,
कुछ भी बचा तो शून्य हो हत आश ही बचा।
डूबा रहूँ किसी के पुनः दिव्य ध्यान में,
अवसर रहा न इसका, न अवकाश ही बचा,

सौभाग्यवश चुका हूँ पटाकाश से निपट,
अब फोड़ने के हेतु घटाकाश ही बचा।
तय मंजिलें विकास के अस्तित्व की हुईं,
क्यों लूँ न स्वस्ति श्वास कि अब नाश ही बचा।
बंधन नियम के तोड़ चुके 'रुद्र' तुम सभी,
अब एकमात्र यम का महापाश ही बचा।

(मई, 1969, दैनिक आज)

प्राण देने का कभी प्रण न हमारा टूटा !

साँझ ही नभ से कहीं एक जो तारा टूटा,
किसके सपनों का सहज दिव्य सहारा टूटा।
जग की झंझा के झकोरों से हृदय छिन्न जो था,
स्नेह के मंद मलय तक में दुबारा टूटा।
देके तोड़ा जो बचपन तुमने तो प्रिय साथ उसके,
श्वास टूटा मेरा, विश्वास तुम्हारा टूटा।
मेघ की आँख तो बिजली की चमक से फूटी,
बाढ़ के वेग से सरिता का किनारा टूटा।
ठेस हिचकी की लगी, साँस के तारों से मढ़ा,
प्राण पंछी का जो पिंजर था, बेचारा टूटा।
दम पिटारी में घुटे कितनों के, इच्छाओं का,
कामनाओं का तो फिर भी न पिटारा टूटा।
'रुद्र' हँस उठे मगर मृत्यु की सुन्दरता पर
प्राण देने का कभी प्रण न हमारा टूटा।

(मई, 1969, दैनिक आज)

दुर्गे तू दुर्गतिनाशिनी है!

दुर्गे! तू दुर्गतिनाशिनी है
तू प्रतिभा-प्रभा-प्रकाशिनी है
कमलासनि है, हंसासनि है
तू जल-थल-अनल निवासिनी है।

पग चपल चले भूचाल चले
कन्दुक-सा विश्व उछाल चले
ले महाकाल कर में कपाल
आगे-पीछे बैताल चले।

फिर प्रलय चला फिर सृष्टि चली
युग भाव भरी युग दृष्टि चली
बरसे अंगारे जहाँ वहीं
फिर हो करुणा की वृष्टि चली।

नवगठित सृष्टि को प्राण मिला
दानव-दल को भी त्राण मिला
भय से आकुल इस जगती को
चिर शान्ति भरा कल्याण मिला।

तोपों के स्वर जब सप्तम पर
होते हैं रुद्र सदय श्रम पर
भैरव हुंकार पड़ा करते
चण्डी-चरणों के फिर सम पर।

जब तेवर पर बल पड़ता है
तब उबल-उबल जल पड़ता है
ज्वालामुखियों का तरल उष्ण
लावा जैसे ढल पड़ता है।

तू महाक्रान्ति विध्वंस लिये
तू परिवर्तन प्रतिअंस लिये
तू सिंहासन चलती
बन्दी-नृप-कुल अवतंस लिये।

हे शक्ति सुन्दरी रानी आ
साहस में भरी जवानी आ
दानव-दल से आकुल भव की
रक्षा के लिए भवानी आ।

आ आँखों में अनुरक्ति बनी
अन्तस् में आ जा भक्ति बनी
विद्युत बनकर करवालों में
कर में आला शक्ति बनी।

अटपट-लटपट-लट अतिललाम
उन्मत्त नयन अरुणाभ श्याम
रसना रुधिराप्लुप्त लप-लप-लप
दुर्गे प्रणाम! चण्डी प्रणाम!

(1970, गांडीव)

वीणावादिनि वाणी जय हे

वीणावादिनि वाणी जय हे!
तुलसी सूर कबीर आदि की
जाग, जननि कल्याणी, जय हे!
वीणावदिनि वाणी, जय हे!
माँ! तेरे मंदिर का आँगन
'सूर्य', 'चन्द्र' से जगमग जगमग,
'प्रेम' सहित सब धन्य हो रहे
तव 'प्रसाद' शुभ पाकर पग पग,
कितने 'देव' लिए 'पद्माकर'
जोड़ खड़े युग पाणी, जय हे!
वीणावादिनि, वाणी, जय हे!
मातः कितने 'शुक्ल' यशस्वी
'दास' तपस्वी 'श्याम' बहुत सब
कोटि-कोटि कंठों से स्तुतिरत
यही माँगते रहते सुत सब
इंदुमुखी इन्दिरा सुखी कर
सर्वजगत् शर्वाणी, जय हे!
वीणावादिनि, वाणी, जय हे!
कोमल कुसुम कल्पनाओं के
भव्य भाव का लेकर चंदन
तेरे 'महावीर' की प्रतिमा-
पूजन हेतु सुमित्रानन्दन-

खड़े आज नागरी अजिर में,
कहता प्राणी प्राणी जय हे!
वाणीवदिनि, वाणी, जय हे!

(1970, नागरी पत्रिका)

घण्टा बोला

घनन घनन घनघन घननाद कर
घण्टा बजा मन्दिर का।
गूँज गया प्रांगण भी
कल कांस्य ध्वनि से।
भक्त गण जाग पड़े
शय्या से विभक्त हो
अति अनुरक्त हो
जग से; जग के ही नेत्र गोलकों में
धूल झोंकने के लिए।
शीशा रख सन्मुख; निज शीश पर करने लगे
रंग भरे चित्रों की रचना विचित्र अति
और चले मंदिर की ओर मन्द गति से
जैसे बक जाता है मछली शिकार को।
घनन घनन घनघन घननाद कर
घण्टा बजा मन्दिर का।
लोलुप पुजारी आये
स्वप्न देखते जो रहे रात भर पैसे का
ठाकुर की प्रतिमा को फूटी आँख से न लखा।
अपना अपमान यह देखकर देवता ने
अपने नेत्र मूँद लिये,
भगतों की भीड़ देख
चुपचाप सो गया।
मंदिर के घण्टे सा घण्टा बजा कॉलेज का
बजते पचासा जैसे
कैदी निज बारकों में भेड़ के सदृश
टकराते हुए जाते हैं।
वैसे ही छात्र-वृन्द

चाय पात्र चुम्बित अधर पर सिगरेट रख
        कॉलेज की ओर चले।
स्टूडेंट-दल को यों जाता देख
        प्रिंसिपल
महा महा देवता-सा–
'चेयर' पर 'चीयरफुली'
        लोट पोट हो गया।
मंदिर में पुजारी के हाथ बस घण्टा लगा,
घण्टा ही झुलाते भक्त-गण भी घर लौट पड़े,
कॉलेज के किन्तु वे छबीले छात्र सुनते रहे–
घण्टा बज बज कर, एक एक घण्टे पर
कान में गरजता है–
जीवन में हाथ क्या लगेगा यह जानते हो?
घण्टा! घण्टा!! घण्टा!!!

(1970, गांडीव)

विजया महात्म्य

खादी-सा सफेद स्वच्छ विमल बदाम दस,
        सबसे प्रथम जम रगड़ मिलाना है।
हरी-हरी बूटी निखरी-सी खरी डालनी है,
        केसर का दिव्य रंग ऊपर दिखाना है।
होकर विशोक पान खा के, रस चक्कर में,
        आना ही अशोक चक्र अमल ज़माना है।
भजते जिसे 'रुद्र' सुयश समुद्र वहीं-
        भाँग छान लेना राष्ट्रध्वज फहराना है।

(1970, 'आज', स्वर्ण जयन्ती विशेषांक)

ऊधो का भाग शून्य हो माधव को दस मिले

जम्बू मिले, रसाल मिले या पनस मिले।
        कुछ भी मिले, मिले जो मगर वह सरस मिले।।
अपजस अपार या कि धुआँधार जस मिले।
        मेरी वही है राह जहाँ मुझको रस मिले।।

ले व्यर्थ क्या करूँगा विभावानुभाव को
उस भाव को भी जिसमें मुझे कुछ न रस मिले।
चलता रहा सदैव वही पथ पकड़ जहाँ-
बिजली मिली चमक के तो बादल बरस मिले।।
नयनों का भी स्वभाव बड़ा ही विचित्र है,
उससे मिले बरस के ही जिससे तरस मिले।।
क्या लाभ जल रहा जो अभावाग्नि में उसे,
चन्दन मिले, कपूर मिले या कि खस मिले।।
पहचान भी सकूँगा उन्हें फिर से या नहीं,
बीते अनेक जन्म हैं, जिनका दरस मिले।।
हिंसा से भी अधम है अहिंसा वहाँ, जहाँ-
उधो का भाग शून्य हो, माधो को दस मिले।।
ऐसों से कौन नेह लगायेगा 'रुद्र' जो
केवल बिछुड़ने के ही लिए हर बरस मिले।।

(1970, दैनिक आज)

घिरते गगन में देख के बादल नये-नये

घिरते गगन में देख के बादल नये-नये,
मिलते हैं कल्पना को धरातल नये-नये।
समतल बना दें ढूहे ढहा, धन्य वे जलद,
छिड़काव यों तो करते ही हैं नल नये-नये
संसार हो भले ही पुराना परम मगर-
जीवन नया है, उसके हैं पल पल नये-नये।
जाता उतर जहाँ कि है पानी वहीं सदा,
होती है कीच, बनते हैं दलदल नये-नये।
जितने नये-नये हैं हुए काम आज तक,
कर्ता रहे हैं, उनके तो पागल नये-नये।
जोगी अधिक जगे हैं, न क्यों मठ उजाड़ हो,
जिनके नये है दंड, कमंडल नये-नये।
आकाश तक पहुँचने की क्या कामना करें?
पाताल नित्य मिलते हैं, पदतल नये-नये।
किसने लगा दी आग स्वयं अपने बाग में
जिसमें है जलते फूल नये, फल नये-नये।

चलना जो है अभीष्ट तो फिर 'रुद्र' चल पड़ो
मिलते रहेंगे मार्ग में संबल नये-नये।

(1970, दैनिक आज)

मन नमन नमन; मन नमन नमन

गंगाजल-सा नित निर्मल तन,
जिसका यमुना-सा उर्मिल मन,
सारस्वत-तेज-दीप्त आनन,
'संगम' का जो सजीव 'दर्शन',
मन, उसे नमन! मन उसे नमन!!
प्रलयाब्धिस्थित वट वृक्ष अचल,
अन्तस्तल कोमल किसलय दल,
(जिस पर बस बालकृष्ण केवल)
वह जंगम तीर्थराज पावन
मन, उसे नमन! मन उसे नमन!!
दासी-सी जिसके घर की घृति,
'श्रुति' ही बन बैठी जिसकी 'स्मृति',
जिसके संस्कृत स्वप्नों की कृति–
यह विद्यामन्दिर, ज्ञान भवन
मन, उसे नमन! मन उसे नमन!!
वैदिक ऋषि के द्रष्टा लोचन,
पौराणिक मुनि के सरस वचन,
नव विज्ञानी के ज्ञान गहन,
तीनों जिसके तन, मन जीवन,
मन, उसे नमन! मन उसे नमन!!
कंचन काया, हीरा स्वभाव,
चित में युवकोचित स-चिर चाव,
शुभ कर्म-सुरसरित का बहाव–
जनहित कर गये मदन मोहन
मन, उन्हें नमन! मन उन्हें नमन!!

(1976, प्रज्ञा)

मिश्रित बोली

थण्डरख

थण्डरख हिय में बवण्डर-सा उठता है,
ऐसे दृश्य से भी नहीं मन में भय लाती हो।
पूछ रहा रुद्र कहाँ ऐसी डार्क नाइट में,
हाथ लिए लाइट डिलाइट फूली जाती हो।

(1933-34, 'हंस' का काशी अंक)

दिल की भड़ास

मली है कौन-सी शै तुमने अपने गालों पर
फिसल रही है बताओ निगाह क्यों मेरी
अपनी आँखों में बिठाऊँगा तुझे
रात-दिन तेरी करूँगा चौकसी
साग-भाजी जो मुझे देता रहा
अब मियाँ मिट्ठू व कुंजड़ा हो गया।
साथ उसके उड़ गयी चिड़िया मेरी
खाली मेरे दिल का पिंजड़ा हो गया।
जहाँ जहाँ गया पाया टका-सा रिपलाई
मिसों के दर प' लिखा है कि नो वेकेंसी है।
य' दिल ने मुझसे कहा देखकर किसी मिस को
खिलौना चीनी का है देखने में फैंसी है।।
मुझे भी भेज दे एक मिस कि तेरा बंदा हूँ।
मिसों की तेरे ही हाथों में सोल एजेंसी है।

(1935, खुदा की राह पर)

'केन'-सी लचीली, चमकीली स्वर्ण चेन-सी है

'केन'-सी लचीली, चमकीली स्वर्ण चेन-सी है,
'पेन'-सी कुमेल मत बनिये ज़रा बोलिए।
करती है 'वेस्ट' 'टेस्ट' मैं भी करूँ देखूँ जो,
होठों के 'कप' में 'सिरप' आप ही जो घोलिए।
करके 'इब्रेस' 'फेस' देख ज्यों लगाया मुँह,
चाँटा दे बोली वह विष मत घोलिए।
खाकर तमाचा 'रुद्र' आँखें खुलीं देखा क्या,
'बेड' के 'बिलो' था मैं गोद में 'पिलो' लिए।।

(1970, नागरी पत्रिका)

काशिका

हुरदंग

(1)

पुरुब दिसा में गुरू देखऽत बिहानै आज
कैसन अनोखी चोखी झलक गुलाबी हौ।
पानी हौ गुलाबी ई जवानी हौ गुलाबी और
भूँई हौ गुलाबी और फलक गुलाबी हौ।
नारी क सरीर धीर धरके निहारऽ तनी
सिरसे उठाय नहँ तलक गुलाबी हौ।
पलक गुलाबी, छल छलक गुलाबी और
अलक गुलाबी सब खलक गुलाबी हौ।

(2)

चुगुल हरामी सब निपट निकामी जौन
सूतल पड़ल हौवैं ओनके जगइबऽ तूँ।
करबऽ हमैं तूँ बदनाम हम जानऽथई
देश से हमार सब सुजस भगइबऽ तूँ।
मनकऽ कहऽ न, कुछ एकर बिसास नाहीं
फँसके फेर में हो एही ठग के ठगइबऽ तूँ।
मनबऽ न बात हठ ठनबऽ अनोखा गुरू
मल के अबीर मूँहै कारिख लगइबऽ तूँ।

(3)

एकै हौ देश अउर भेस गुरू एकै हौ
एकै हौ नदी तलाब एकै त पहार हौ।
एकै फुहार और एकै हौ बयार यार
एकै हौ सितार पर दूर-दूर तार हौ।

एक दिन रात एकै समै महीना एकै
एकै घड़ी एकै पल एकै दिन बार हौ।
सब कुछ एकै पै भाग दुइ बाँटै जैसे
होरी हौ तोहार तौ मुहर्रम हमार हौ।

(4)

भूत छुआछूत कऽ अकूत बलवाला गुरू
खोपड़ी पै जेकरे चढ़ल होई झार देब।
बान्ह देव गंडा लेके डंडा लाट भैरो जी कऽ
दस पाँच मिनिट खेलाय के उतार देब।
फगुआ से बढ़ के कबों मोका न हाथे लगी
फूँक कान सुद्ध कर डोमड़ा चमार देब।
सबसे अछूत ओंठ गोरी कऽ भयल सोंठ
प्यार देब ओके और चूम-चूम तार देब।

(5)

भागऽ जिन गोइयाँ गुरू बाटै इ लिहाड़न क
चिरई! डेरालू काहे सेर हौ न बाज हौ।
बाटै इ तोहार त पुराना हम जानत हई
एके सँग बार-बार सजल समाज हौ।
माथे पर ताज आज रख के गदाइन कऽ
फगुआ में अगुआ बनल महराज हौ।
लगजा करेजे से तूँ झिझकै न काम बाटै
होरी क समय हौ ई जग क रेवाज हौ।

(1940, खुदा की राह पर)

देखीं कब उतरी अकास से कबुतरी

चरवा चुगी ऊ कब चोंचवा घुमाय हाय
अब कब ककुनी कऽ कन कन कुतरी।
काल्है से उड़ल जौन आइल न लउट फेर
आवत हौ मन में गरे बाँध लेईं सुतरी।
बाटैं ई भरोस पोस मानी तऽ जरूरै कुछ
आँखी कऽ हमरे रहल ऊ 'गुरू' पुतरी।

बैठल बिहाने से पुकारथई आवऽ आवऽ
देखीं कब उतरी अकास से कबुतरी।।

(1940, खुदा की राह पर)

तरंग कऽरंग

पौन के हिंडोला पर झोला बन झूली मन,
तन पर जोबन कऽ जंग चढ़ जाए दऽ।
अंग अंग-भरके उमंग से कुलाँच मारी,
झारी मुरचंग खूब चंग चढ़ जाए दऽ।
जाई उतर होरसा भाँगके नसा कऽ 'गुरू',
सुरू-सुरू ओके एक ढंग चढ़ जाए दऽ।
दुनियाँ रँगीली गीली रससे बनी हो, तनी-
रंग चढ़ जाए दऽ, तरंग चढ़ जाए दऽ।

***

भाइल बेहाई बड़े गहिरे गदाइनके,
बहक बहक बात कह जालैं केतने।
केतने छछुन्दर छछक छिप जालैं और,
कसके पकड़ बात तह जालैं केतने।
ढूहा अलियार कऽतऽ पाय अनचक्का धक्का,
हक्का बक्का होके गुरू ढह जालैं केतने।
उठत उमंग कऽ तरंग हौ अनोखी देखऽ,
सह जालैं, बह जालैं, रह जालैं केतने।

(1944, तरंग)

बुढ़भस

(1)

बीतल बरिस करोड़ करत तोहके प्रभुताई।
रह गइलऽ पर गुरू! सदा से गजब गदाई।
बाटऽ चलत कुचाल तोहें अब के पतिआई।
गाय चुकल जस बहुत जगत अपजस अब गाई।
हिन्नुन के बुढ़वा मतिन, बाटऽ बुढ़भस में फँसल।
नाँच नचावऽ खूब तू, जगहौ मुट्ठी में बसल।

(2)

दे'लऽ आग लगाय भला काहे पानी में।
कइलऽ चकनाचूर पीस एकै घानी में।
दहल महल तक गयल गिरल सब छप्पर छानी।
दाना पानी कहाँ? जुरत हौ जहाँ न सानी।
भरम सरम कऽ खुल गयल, दे लऽ हया बिसार तूँ।
देखऽ भरल बसंत में गउलऽ गुरू! मलार तूँ।

(1944, तरंग)

सवाल पीछे हो पहिले जवाब हो जाई

रहम रहीम कऽ हौ राम कऽ करम बाऽटे,
तोहार बार सहब जब ले दममें दम बाऽटे,
जुलुम हज़ार करऽ यार फिर भी कम बाऽटे,
निगाह खम हौ मरत के हौ कुछ गम बाऽटे,
छिपल छलाव हौ जादू कऽ एक इसारे में,
जबान में हौ सुरस जौ नदी न नारे में।

पकड़ के हाथ तूँ कैदऽ निबाह अब साथी,
बढ़ल हौ जोर से दरसन कऽ चाह अब साथी,
करऽ ग़रीब के ऊपर निगाह अब साथी,
आँख से आँख कऽ लेवे दऽ थाह अब साथी,
गरे से जेके तू मिलबऽ नवाब हो जाई,
सवाल पीछे हो पहिले जवाब हो जाई।

(1944, तरंग)

सिरधर कऽ कुंडलिया

अमीर

पैसा हमरे पास हौ गरमायल हौ टेंट।
कहऽ करीं काहे भला भिखमंगन से भेंट।।

भिखमंगन से भेंट करैमें हानी होला।
जाला बिगड़ दिमाक बड़ी हैरानी होला।।
पुरखन कऽ हौ बात गुरू! जैसा सँघ तैसा।
हम बांटैके बदे न जोड़ली पैसा-पैसा।।

ग़रीब

हट हट बच बच, होत हौ, जेहरै बाटी जात।
बीतत हौ दिन हे गुरु! लातै जूता खात।।
लातै जूता खात पेट कऽ खोह भरत हौ।
गइल हई नरियाय जोरसे ऊ अफरत हौ।।
किचकिच बाहर अउर घरे हौ बढ़ल कबाहट।
दिल देला दहलाय हाय खटमलकऽ आहट।।

(1944, तरंग)

उपदेश

(1)

अगिन के लाल लपट के तरे लहकत हौअऽ।
फुलबगिया के तरे यार तूँ महकत हौअऽ।
बनके बुलबुल तूं चपक कान से चहकत हौअऽ।
घूम मस्ती में झपक झूम के बहकत हौअऽ।
आँख रक्खलऽ तूँ जेप्पर खराब हो जाला।
सुद्ध गंगा कऽ भी पानी खराब हो जाला।।

(2)

चाल चौपट हौ, तरीका तोहार तिरपट हौ।
होत बाहर जऽ हौ खटखट, तऽ घरे कटकट हौ।
जिन्नगी जान लऽ गंगा कऽ घाट औ घट हौ।
पाँव अटपट जऽ पड़ल फेर सदा कऽ झंझट हौ।
माँग में फार बनौले तूँ तरेरा बाटऽ।
चलऽ समुझ के बड़े बाप कऽ बेटा बाटऽ।।

(3)

आँख फेर जाई बड़ी फेर दरद उभर जाई।
दर जिगर जाई जऽ तोहरों तऽ घट कदर जाई।
बन भी जर जर जाई, औ बस्ती बसल उजर जाई।
बनबऽ हरजाई तऽ बह खून कऽ नहर जाई।
मजा जऽ पूछऽ जगत में तऽ चाह में बाटै।
चाह से चढ़ के मज़ा फेर निबाह में बाटै।।

(1944, तरंग)

पंछी

अइसन हौ पंछी गुरू जेकर जोड़ीदार।
मिल न सकी संसार में कोसिस करऽ हज़ार।।
कोसिस करऽ हज़ार न केहू कहीं देखाई।
बन कौआ कर सोर भोर जे तोहैं जगाई।।
लगी पढ़ावै फेर तुरन्तै जे सुग्गी बन।
छनमें बुलबुल बनी बदल रंग गिरगिट अइसन।।

*

काटी कोट कलेस ई कुँहक पिंहक दिन रात।
जाड़ा औ गरमी गुरू, भरल पुरल बरसात।
भरल पुरल बरसात नैन दूनौं कर राखी।
धुआँ बन के रही भरल आँखी में पाखी।।
फुल-सुँघी हौ, पेट चार दाना से पाटी।
देते सीटी लपक नाक दुसमन क काटी।।

(1944, तरंग)

बा' राजा बाह!

सारा ई जमाना हौ जगीर में मिलल तोहे
हमके तऽ बाँस और खर कऽ ओसारा हौ।
पावऽला जेहर गरमाहट ढरक जाला
फुदुक फरक जाला मन हौ कि पारा हौ।।

अमरित धारा लेत लहर यहर बाटै
काजर के बाढ़ कऽ तऽ ओहर दुधारा हौ।
जग बदे चनरमा मतिन हौ तोहार मुहँ
आँखिन कऽ हमऽरे बनल पर तारा हौ।।

(1944, तरंग)

गुरू अउर चेला

ऐसन चपरघण्ट लण्ठ हौ पुराना काना,
धाय ऐन मौके पर सगुन बिगारऽ ला।
आन्हिन के संघ में बतास बन बेनाकऽ
गिद्ध अस डैना दूनों फरक पसारऽ ला।
बारहो महिन्ना मान होरी गारी देला खूब
जैसे ससुरार सार कीचड़ उछारऽ ला।
रुद्र से गुरू के एक छुद्र हौ मिलल चेला
सरवा सभा में बैठ नक़ल उतारऽ ला।

(1944, तरंग)

सवाल-जवाब

सवाल

बैठ चौमहानी पर सहके हज़ार हानी
बिनती सुनाइला मिलीला हम जे जेसे।
हमरे ग़रीबौ पै रहम कऽ नज़र चाही
जर बाटै बढ़के न साड़ी ककरेजे-से।।
खाब संखिया या डूब जाब अब पानी में
फारके करेजा मर जाब गुरू नेजे-से।
बाटै दसतूर और मौका भरपूर बाटै
आइल हौ होरी, गोरी लग जा करेजे से।।

जवाब

हो हो हो हो हल्ला हौ महल्ला में मचल रोज
चाहे जऽ भला तऽ कला आपन देखायऽ जिन।

हाथ-गोड़ टूट जाई फूट जाई मूँड़ और
सूँड़कट हाथी अस सूरत बनायऽ जिन।।
तोहके समुझावऽ थई बार-बार देखऽ गुरू
मान लऽ कहल पाछे बैठ पछतायऽजिन।
बाबा और भैय्या सुन लेइहैं तऽ गजब होई
कान खोल सुन लऽ हमें कोई गरियायऽ जिन।।

(1944, तरंग)

तूऽ

जाल कबौं गैबी कबौं नैबी तू निछद्दम में
कबौं मोतीझील जाके भंगिया बनावलऽ।
निपटत नहात होला तोहके अधरात उहां
डंड़ बैठकी में फिन एक तू बजाबलऽ।
गिरत-परत घर बुनिया कचौरी लेके
आय आपै चाभल न हमके चखावलऽ।
बतिया हमार कबौं सुनतै न कहतै हउवऽ
सूत जालऽ मुर्दा मतिन काहे तू सतावलऽ।

(1945, तरंग)

बेढब बात

हाल बेढब हौ चाल बेढब हौ का बताईं कि काल बेढब हौ
और मौके पै तरह जाइत दे ए समैं, ई सवाल बैढब हौ।।
बात सुन सुनके चार हम सब कऽ आज कऽ कल कऽ अजब कऽ जब कऽ
बात सबसे कहऽथई एतनै ढब कऽ हौ बात बेढब कऽ।।
बूट पर पालिस ज्यों, 'सूट'पर नालिस ज्यों
ऊँट पर कूबड़ जस प्रबल लखात हौ।
मार जस गारी पर, धार जस आरी पर
घोर रात कारी पर उज्जर परभात हौ।
जंट पै कलट्टर जस, ढेला पै टट्टर जस
चेलापर कट्टर जस 'गुरू' कऽ जमात हौ।
स्टालिन ज्यों रूस पर पुलिस जलूस पर
तइसै मनहूस पर बेढबकऽ बात हौ।।

होय अट्टहास पर पट्ट न पड़ै हो जेम्में–
तोहरे कलाकऽ किला, ऐसन जमावऽ नींव।
सूखे पै बरसैके हरियर करेजा रहै
चाभत रहऽ तूँ सदा चभर चभर घीव।
रोअत हँसाबै बदे, सुस्तके खेलाबै बदे
चुप्प चहकाबै बदे सकती रही असीव।
नकटा न छींक के बिघुन डारैं कारज में
पहिलै से कहत हई "बेढब! शतंजीव"।।

(1945, तरंग)

बादर

बरबस ई गुरू आग कभी टेर के आइल
एक बार तऽ दुनियाँ के उलट फेर के आइल
छाइल हौ भरल भाव चढ़ल चाव बदरिया
कुछ झूम के कुछ घूम के कुछ घेर के आइल
पानी भरल अपार हौ एसे ढरी जरूर।
पानी पड़ी तऽ आँखकऽ पानी मरी जरूर।।

*

ढोंका पहाड़ कऽहौ, नदियाकऽ लहर हौ
मन्निर, महल, मकान हौ, सपनेकऽ सहर हौ
बदलत हौ रूप खूब अनोखा घड़ी घड़ी
पानी में भरल सौगुना विकराल जहर हौ
पानी लगी इ, जेके ऊ डूबी बही जरूर।
पानी चढ़ी न जेके ऊ मुरदा रही जरूर।।

*

चेहरा हरा भयल ओहर धरती हरी भइल
ठंडा भयल करेजा, मजेकऽ तरी भइल
आँखी के सामने से छमक छन्न नाच के
होला अछन्न बुन्द भी जैसी परी भइल
चमकत गरज-गरज के हौ, बिजुरी गिरी जरूर।
बिजुल गिरै, गिरल करै, बादर घिरी जरूर।।

(1945, तरंग)

तेल मलल करऽ !

खालऽ औ खियावलऽ कचौड़ी तू लिहाड़न के
गंडा दुइ-चार हमरौ बदे त गलल करऽ!
अपने त साफा रोज देलै टहरै के बदे
धोतिया में साबुन कबौं हमरौ त सलल करऽ!!
अपने त सिनेमा देखै जालऽ बिना नागा, कबौं
हमहूँ के सजाय, लेके संगे त हलल करऽ!
अपने त चपोर ल तू अतर गुलाब रोजै
हमरे पिठिया में कबौं तेल त मलल करऽ!!

(1945, तरंग)

वैशाखनन्दन प्रशस्ति

मुग्घू तोहार मुँह घुग्घू बेजोड़ बाय, रेंक रेंक चारों याम डटल रहऽलऽ तू
रासभ तू हौव्वऽ पर जनमकऽ पूत हौव्वऽ एसे सनमारग से सटल रहऽलऽ तू।
लादल रहऽलऽ कपड़ा से सदा तेहू पर कपड़ा से देखऽथई हटल रहऽलऽ तू
धन्य वैशाखनन्दन लदिया उठावे बदे संझा औ सबेरे नित अटल रहऽलऽ तू।

भाँटन में भाँट महा भाँट खानदानी हई उल्लू समान बाटी हंस पै कहीला हम
गाईला संगीत मुँह पावन हमार बाय चोंच खोल तड़के गोबर गहीला हम।
बाबू हरामखोर माई पर कीया मोर शंकर के नीचे आजकल त रहीला हम
लेहले मथानी करपतरी दबौले नित्य बैठल सन्मार्ग पर मंठा महीला हम।

आइल हौ होली पेड़ पालो बौराय गइलैं आज तो उलूको कै चोंचवा फटल बाय
ई हौ ऋतुराज हम मलब गुलाल आज ओहीके मुँह जौन सबसे छटल बाय।
हिरदय हौ दौड़त चलल हौ ओही ओर मानो मुग़लसराय वाली शटल बाय
लेके पिचकारी भारी हमहू डटल बाटी देखीं तौ खड़ा कौन सरवा अटल बाय।

(1946, तरंग)

गोलमाल

देखऽ नज़र जमाय जेहर एक हाल हौ।
सब चीज़ में कहीं न कहीं गोलमाल हौ।।

स्वारथ सनल हौ प्यार जमाने में देखलऽ
अपने में देखलऽ कि बेगाने में देखलऽ
केतना हौ पेंच बात के माने में देखलऽ
व्यौपार में ठगी हौ दुकाने में देखलऽ
धरती के बीच बिल हौ तऽ पानी में पाल हौ।
सब चीज़ में कहीं न कहीं गोलमाल हौ।।
विद्या में डर गरब कऽ अविद्या में रार कऽ
बाहर में डरहौ सेरकऽ घर में सियारकऽ
गरमी में लूह, सीत में डर हौ बयार कऽ
हारै में डर हौ चार कऽ जीते में हार कऽ
माया में जाल ए 'गुरु' काया में काल हौ।
सब चीज़ में कहीं न कहीं गोलमाल हौ।।
खटमल अगर हौ खाट में कीरा हो घास में
माखी पड़ल हौ दूध में, चिउंटी मिठास में
फूलन में सूल सोग भरल हौ विलास में
अंधेर अंधेरे में तऽ धेरा उलास में
बोले में हौ बवाल तऽ चुप्पी में चाल हौ।
सब चीज़ में कहीं न कहीं गोलमाल हौ।।

(1946, तरंग)

ओरहना गीत

का बतायी बात साथी!
सुदिन हाय! हमार बीतल, दुखक आइल रात-साथी।
संग हीं कइली मजूरी संग हीं व्यौपार कइली,
संग हीं धोखाधड़ी से हम उधार बजार कइलीं,
औं पुलुसकऽ एक संघै खूब खइली लात साथी।
का बतायी बात साथी।
लाटकऽ भी लाट हौअऽ, राजपाट तोहार बाटै,
देखलऽ जोहत जमाना आज बाट तोहार बाटै,
टाट भी फटहा हमें बइठै बदे न लखात साथी।
का बतायी बात साथी।
'मील' में कपड़ा सड़त हौ पर हियाँ 'कंट्रोल' बाटै,
ढोलके भित्तर 'गुरु' केतनी बड़ी ई पोल बाटै,

खीर चाभऽ तूं', एहर हम बइठ भुंजिया भात साथी।
का बतायीं बात साथी।
चाल तू चला चल अनोखी देस भरके मात कइलऽ,
जब बिहान सुतन्त्रताकऽ भैल ओ के रात कइलऽ,
जात सबकर ले, निकल गइलऽ बड़ा बज्जात साथी।
का बतायीं बात साथी।

(1947, सन्मार्ग)

अरमान

हमहूँ कहीं रहित कँगरेसी।
बड़का नाहीं यार। छोटकवै, न बिलाइती, देसी।
चाहे नऽ वजीर बन पाइत, संगतऽ चलत पियादा।
साहतूस न मिलत न सही, मिलत टाट तऽ सादा।
राजदूत पद मिलत न चाहे, रासन-सासन पाइत।
थानेदारन के बराबरी में हम आसन पाइत।
केतनौ करित 'बिलेक' बहाइत बेइमानीकऽ आन्ही।
रच्छा करत हमार तबौं माथे पर टोपी गान्ही।
बिना छत्रकऽ राजा होइत गाँवै बनत इलाका।
छोटका बड़का सबैं पुकरतन मिलजुल हमके काका।
मदरसी कँगरेस निकरलस देखऽ राह अनूठी
सत्याग्रहियन के इनाम ऊ देई भर भर मूठी।
कहैं गुरू हे चेला सुनलऽ मत तू बनऽ अनाड़ी।
कबहीं नाव चली गाड़ी पर कबौं नाव पर गाड़ी।

(1947, सन्मार्ग)

गरम गीत

आग लगल हौ! आग लगल हौ!
अइसन आग लगल हौ देखऽ, जेम्में सारा देस जरत हौ,
नाँव गाँव औ धरम करम के संघे भासा-भेस जरत हौ,
आग लगावै बदे आज केतनी लोगन में लाग लगल हौ।
आग लगल हौ! आग लगल हौ!

हड्डी कली मतिन चिटकत हौ, फूल बनल ओम्में चिनगारी,
धूआँ उठल अकासबेल बन, रोअलिन कोइल बनके नारी,
लासन कऽ रंगीन कियारी, महाकाल कऽ बाग लगल हौ।
आग लगल हौ! आग लगल हौ!

ले गइलन अँगरेज धरम धन, कइलन साफ खायके गोरू,
एक झपट्टामें ले गइलन, लीगी लोग जान औ जोरू,
बचल रहल तन ओम्में कौअन गिद्धन कऽ लऽ भाग लगल हौ,
आग लगल हौ! आग लगल हौ!

बन्धु-विरोध अउर बँटवारा जे कइलस ऊ द्रोही बाटै,
भाई कऽ, माई कऽ, दूनों कऽ हत्यारा ओही बाटै,
सात समुन्नर धोय न पइहैं ओके अइसन दाग़ लगल हौ।
आग लगल हौ! आग लगल हौ!

हौ सुलगत आवाँ घट-घट में सब कोई कऽ पेट जरत हौ,
भाईचारा होत खतम हौ अउर पुरानी भेंट जरत हौ,
फेर भी ठण्ढी होत न बाटै केतनौ बड़ा दिमाग लगल हौ।
आग लगल हौ! आग लगल हौ!

(1947, सन्मार्ग)

विद्यापति

नवल रसाल बनबास रच मिथिला में
कोकिल अनोखा एक कुहू-कुहू कूक गैल।
पाँच सौ बरिस से भी बीतल अधिक दिन,
मिट सुनवैइन के मन से न हूक गैल।
भैलन अनेकन बटोर के कविन्कऽ 'गुरू'
बचन रसीला ऊ रँगीला जौन थूक गैल।
व्यास वाल्मीकि बनजात लऽ जरूरै पर
साइत तपस्या में जइसे कुछ चूक गैल।।

*

हर में हरी में अउर भव में भवानी में
पूरा हौ अभेद, ई अखेद भेद पाय गैल।
भक्ती कऽ बहाय गैल धारा ग्याननारा फोर
राधे और स्यामकऽ ललाम गीत गाय गैल।

प्रेमकऽ मरम समुझाय गैल जगके लऽ
विद्यापती सच्चौं 'गुरू' सुजस कमाय गैल।
'चेतन' के कइलस् अचेत एक ओर और
एक ओर 'सूर' के भी रसता देखाय गैल।।

(1947, सन्मार्ग)

तैं तऽ हई माई न?

रोय रोय ऐसहीं
पुकारल करब तोके
कब ले आवाज़ तोरे
कान में समाई न?
कब ले छँटी नऽ भला
बादर विपत कऽ ई
कठिन कलेसन कऽ
कब ले कटी काई न?
कब ले तैं मन्निर में
पत्थर बनल रहबी
कब ले करेजे बीच
करुना समाई न?
बाटी हम लड़िका
गदाई तऽ एसे का
करबी दया नऽ कइसे
तैं तऽ हई माई न?

(1947, शारदीय नवरात्र, सन्मार्ग)

मैया, तनी हाथ में खड़ग खड़कउले आव!

कर्कट गलीजन कऽ लगल अंबार बाटै,
फूँकै बदे खप्पर में आग दहकउले आव!
कुटिल कुकर्मिन कऽ लगल बजार बाटै,
मैया, तनी हाथ में खड़ग खड़कउले आव!

रंग में रमल फेर उठलन रक्तबीज,
जीभ लपकउले आव, आज मुँह बउले आव।
सूल चमकौले आव, चक्र दमकौले आव,
कट कट दाँतवाली, लट लटकौले आव।

(1947, शारदीय नवरात्र, सन्मार्ग)

तबेले में दुलत्ती

अब तक तऽ हल्ला गुरू कइलऽ तूँ झकझोर
ई नाहीं सोचलऽ कहाँ बाटै एकर छोर।
बाटै एकर छोर जउन कइलऽ तूँ दंगा
खूब देखउलऽ नाँच जगत के आपन नंगा।
भोगऽ अब फल बइठ जउन कइल तूँ करतब
गरे पड़ल हौ ढोल बजावे पड़ी तोहैं अब।
उजबक मिललन् मन्तरी अउर सन्तरी चोर
छायल महा अन्हेर हौ कहलन तबौ अँजोर।
कहलन तबौ अँजोर बहुत अक्किल बौराइल
सुखस्वारथकऽ मइल आँख पर पट्टी छाइल।
हाँ, हौ देखले होत जरूरै मनवाँ गुजबुज
उत्तर पच्छिम आज तबेलै में लतिहाउज।।

(1948, सन्मार्ग)

होरीकऽ पखंडी

अजब पखण्डिनकऽ जमल समाज आज जेके लखऽ बारत बनायके ठगत हौ
जेसे कुकरम कीनो छूटल न आजतक होरी के दिनन ओहू बनल भगत हौ।
बारहो महिन्ना 'गुरु' कीचड़ उछार गारी देलस जे ओहू उपदेश में पगत हौ
कहत कबीर ओके कण्ठरोध होत बाटै मलत अबीर मूँहे करिखा लगत हो।

*

लेकिन पखंडी के बरंडी मान जेहौ दूर ओहीकऽसितारातऽ बुलन्दहौ गगन में
ओके बदे पानीयौ गुलाबीयै बनऽला और फुलवौ रंगीला होला खूब उपवन में।
जिगरी जरन सब फूँक फाँक होलिका में मस्ती से उड़ऽला खूब फरक पवन में
आँखिन में रंग ओके हाथन में चंग होला कर में तरंग होला, जंग होला तन में।

(1951, तरंग)

अमरीका में पंचाइत

अमरीका में फनल जायके ई पंचाइत
कइसे हे भगवान! रहल ऊ कउन कुसाइत
भारतकऽ कुल बात भइल पानीकऽ बुल्ला
अउर हवा में महल उठौलस लऽ जफ़रुल्ला
जेके देखऽ ऊ हुआँ पाकिस्तानी भाँट हौ
सच्चौं जऽ पूछऽ 'गुरू' ई भी बन्नर बाँट हौ।

*

करके घर बरबाद बढ़ल जे बाहर बाहर
औ भेंड़न के मार बनल जे बड़का नाहर।
घूमल लेके संग सदा जे कम्पा-लासा
सात समुन्दर पारतलक हौ करत तमासा।
ओकर चरचा तक 'गुरू' सच्चौं बड़ा सराप हौ
नाँव लेब सन्ताप हौ, औ' मुँह देखब पाप हौ।।

(1951, तरंग)

गणेश-बंदना

केहूके महेश कइलऽ केहूके सुरेश कइलऽ केहूके दिनेश कइलऽ केहूके धनैसे तू।
केहूके रूप गुन देके तू अनूप कइलऽ सांपनपर केहूके बनौलऽ फनैसे तू।
केहूके हलाल कइलऽ केहूके अराम देलऽ कइलऽ परसिद्ध सिद्ध केहूके अनैसे तू।
केहूके महल देलऽ धाम चौपहल देलऽ आप रह गैलऽ गुरु! गोबर गनैसे तू।।

(1951, तरंग)

ई गरम!

नदिया तलाब नार नीर सब धूंआँ भैल,
    गैल जल सूख आज ताल और तलाईकऽ।
एकेक पहर जुग मानों एक एक बाटै,
    ताड़ भैल तिलकऽ पहाड़ भैल राईकऽ।
रोकड़ मिलावत महाजन मुनीमनके,
    बहत पसीना ज्यों पनारा रोसनाईकऽ।

आवाँ बन जरत अकास भूइं बाटै जहाँ,
जीय गैल जग जैसे बचवा बिलाईकऽ।
नदिया किनारे होय सुन्नर सघन बन,
बन के नगीच बीच बीच लखराँव होय।
सूने में कछार होय, रिमझिम बयार होय,
हार होय फूलकऽ बबूरकऽ न नाँव होय।
बेला कऽ महक होय, पंच्छीकऽ चहक होय,
आस पास दूर तक बसती न गाँव होय।
गरमी बेसरमी से बचैकऽ वही बाटै किला,
भाग के चलऽ जहाँ घनी घनी छाँव होय।

(1951, तरंग)

सच्चौं पृथीराज तूँ बाटऽ

सच्चौं पृथीराज तूँ बाटऽ
केतनौं तोड़ै तान जमाना लेकिन सधल साज तूँ बाटऽ।
काल-कला दूनौं कऽ दुनिया भर में चौचक रंग जमल हौ,
जबर खंभ ई दूनो जेप्पर जगकऽ गुम्बज गोल थमल हौ।
काल-कीच में कला कमल हौ, भौरा कलाबाज तू बाटऽ।।
नल नरेस कब्बौं बन गइलऽ कबौं सिकंदर साह बनऽलऽ
धर पठानकऽ टाठ तुरंतै आह कबौं तूँ बाह बनऽलऽ
अउर भारती रंगमंच कऽ राजा बिना ताज तूँ बाटऽ।।
सारी पिरथी राज कला कऽ सारी दुनियाँ कलाबाज कऽ
तीखे जीवट कऽजग सारा, सकल जमाना खुसमिजाज कऽ
कल भी रहलऽ कल भी रहबऽ, जो कुछ बनलऽ आज तूँ बाटऽ।।
कहीं फिलिमकऽ पनसुहिया हौ, कहीं सिनेमा क डोंगा हौ
जेम्में जेतने जे पडिंत हौ, ओतनै भारी ऊ पोंगा हौ।
कला समुन्दर लहरत ओम्में नाटक कऽ जहाज तूँ बाटऽ।।
डङ्का डमरू के समाज में जइसे स्वागत हौ सितार कऽ
महाकाल नगरी कासी में वइसै स्वागत कलाकार कऽ
कारन रखले सदा कलाकऽ जिउसे 'गुरु' लाज तूँ बाटऽ।।

(1952, तरंग)

तोरे बदे

बन में बन्हल हमार तऽ बासा तोरे बदे
जुग जुग से लगउले हुई आसा तोरे बदे
फाँकी ला धूर पी के पवन भूत के तरे
खेलल करीला बन के तमासा तोरे बदे
जोन्हरी चना न बाय मवस्सर एहर हमें
लेकिन ओहर हौ दूध बतासा तोरे बदे
पंछी रही अकास में, मछरी समुद्र में
देखऽ कहाँ लगऽला ई लासा तोरे बदे
जूता औ लात हाथ औ लाठी कऽ बात का
एक दिन चली जरूर गँड़ासा तोरे बदे
माँगीला भीख आज तऽ साईं अतीथ बन
गुदड़ी हौ तन पै, हाथ में कासा तोरे बदे
देवी कऽ रूप तूँ हमें मन्दिर में ले चलऽ
खस्सी बनल हई हो लऽ खासा तोरे बदे
जेहल में गूँज गइल जऽ पगली त का भयल।
थानौ में तऽ बजला पचासा तोरे बदे,
पढ़ले हौ संसकीरत तौ औ नागरी 'गुरु'–
सिखलेस बनारसौ कऽलऽ भासा तोरे बदे।

(1952, तरंग)

जौ तूं जइहौ राजा पुरुब के देसवाँ

उत्तर जइयो, दक्खिन जइयो,
पच्छिम करियो पयान।
जहर खाय या मारि कटारी,
तजिबै पतित परान।।

*

धानै धान सोनहरा दाना,
दानै दान कि सोन।
अरे पेरवा हम बनि जइबे,
जस पानी कऽ लोन।।

'जौ तूं जइहो राजा पुरुब के देसवाँ...'

का करबैं रे लेके सोना,
काटै रै जे कान।
अरे परेवा तोर कबूतरी,
तोहईं पर कुरबान।
जौ तूं जइहो राजा पुरुब के देसवां।।

(1957)

देख जौहर गुरु जवाहिर कऽ
कुढ़ के माओ जरूर मर जाई!

रोस से भर जऽ हर बसर जाई, आग घर-घर जिगरमें बर जाई।
उठ महादेव कऽ नज़र-नज़र जाई, दुश्मनन कऽ जहान जर जाई।।
हिम कऽ आन्हीं चली हिमालै से, हिन्द सागर ओहर उछर जाई।
जब कि बढ़िहैं जवान तूफानी, चीन कऽ साख-पात झर जाई।।
सान पाई निसान आपन तब, घुस के पीकिन में जब फहर जाई।
आग तिरलोक तक लगी तब तऽ दाग़ सीने कऽ जब उभर जाई।
खून से औ जनून से रंग के, जग जवानी नई निखर जाई।
हौ मरन कऽ परब दरब दे द, रन कऽ गंगा चढ़ल उतर जाई।।
देर ओतनै बचल बिजै मैं हौ, तोहरे जागै में जै पहर जाई।
खाक चीनी कऽ ई खेलउना हौ, कस के ठोकर दऽ खुद बिखर जाई।।
खूब चौकस कि गाँठ भारत कऽ चाइयां चीन कब कतर जाई।
ई अफिमची के चार चभ्भो दऽ एक छन में नसा उतर जाई।।
हम तऽ अदमी, दबी तऽ धूरौ तक उड़ जरूरै अकास पर जाई।
लाख से एक हम भिड़ैवाला, खानदानी कहाँ असर जाई।।
खास कैलास में बिधाता हौ, पास हरके बसै न हरजाई।
न हँकइब तऽ चीन कऽ चउआ-खेत सारा तोहार चर जाई।।
देख जौहर गुरु जवाहिर कऽ, कुढ़ के माओ जरूर मर जाई।

(1963, प्रसाद)

दुवारी पै तोहरे गुरु जान देबै!

हथेली पै रख सिर तो हैं दान देबै
दुआरी पै तोहरे गुरु जान देबै।

जो काम न अइलऽ तूं हमरे तऽ हमहूँ
मिली जब्ब भी मौका तबै तान देबै।
कहीला जो हम कुछ तऽ हँस के कहऽलऽ
तोरे बात पर हम न कुछ कान देबै।
रहऽ संग हमरे रहे यार चाँदी
तोहैं मनकऽ मातिक कऽ हम खान देबै
मँगाइब तराई से भर भाँग बोरा
औ छानै बदे चार छ थान देबै।
रगड़ देब बारीक सीटीं तलक हम
औं बलिया कऽ चीनी चटक छान देबै।
चिकन आबरोआं दरे पाँव से तूँ
तोहैं फूल देबे तोहैं पान देबे
अगर इन्द्र भी आँख तोसे मिलैहैं
तो संग्राम ओनसे गजब ठान देबे।
तोरे पीछे चाकर बनल नित घूमब
तोहैं बढ़के राजन से भी मान देबै।

('उलूक' पत्रिका)

हँसके बोलऽ ला माल नाहीं हौ

हँसके बोलऽ ला माल नाहीं हौ,
यार ठस हौ, देवाल नाहीं हौ।।
थक गयल कान पक गयल सुन-सुन,
आज नाहीं हौ, काल नाहीं हौ।।
खा के गंगा कसम कहै तऽ सही,
बात सच्ची हौ, चाल नाहीं हौ।।
काम लेई औ, दाम देई नऽ
बस कटारै हौ, ढाल नाहीं हौ।।
हाल नाहीं बहाल हौ लेकिन,
बेकली से बेहाल नाहीं हौ।।
काल, चिन्ता लगत रहल पहिले,
आज ओकर अकाल नाहीं हौ।।
जाल हौ साफे बात में ओके,
पर, कहै कऽ मजाल नाहीं हौ।।

सूर हौ, हौ कसूर कुरसी कऽ,
एम्में ओकर कमाल नाहीं हौ
अब मनीजर हौ साफ रस्ते कऽ
दालमण्डी कऽ टाल नाहीं हौ।।
चाल से तऽ हौ निरफुलै घोड़ा
खैरियत हौ कि नाल नाहीं हौ।।
मन में नाचत हौ जे कन्हैया बन
केकरे जिउकउ जवाल नाहीं हौ।।
अउर अइसन हौ लाजवाब 'गुरु'
ओसे केकर सवार नाहीं हौ।।

(1970, सन्मार्ग)

करिके दया ऐ 'गुरु' सुँड़वा हिलाय दऽ

बुढ़ऊ तऽ छानघोंट नकिया बजावत होइहैं,
तोंहसे बनै तऽ तनी उनके जगाय दऽ।
सँपवन के देखि देखि दहलै करेजा जौ तऽ,
जोड़त हई हाथ तू माई के बोलाय दऽ।
कब से पुकारत हई तोहके सुनात नाहीं,
गोबर गनेसपन आपन मिटाय दऽ।
सुनके कवित्त सब मुड़वा हिलाय देइहैं,
करिके दया ऐ 'गुरु' सुँड़वा हिलाय दऽ।

(1970, 'आज', स्वर्ण जयन्ती विशेषांक)

कमर कसऽ कश्मीर बचावऽ

कमर कसऽ कश्मीर बचावऽ
धरती पर ई सरग लोक कऽ
बचल खुचल तसवीर बचावऽ
तोहरे आछत जब तोहार घर
तोहरे देखत दुसमन फूँकी
छी छी कहीं जमाना सारा

तोरे ऊपर दुनियाँ थूकी
बनऽ वीर रनधीर देस पर-
पड़ल आज ई मीर बचावऽ।।

(1970, 'आज', स्वर्ण जयन्ती विशेषांक)

सदा पीठ के पीछे से जे वार करऽ ला

सदा पीठ के पीछे से जे वार करऽ ला,
मारल जाला वही कि जे इतवार करऽ ला,
देस छोड़के जे विदेस के प्यार करऽ ला,
घर घर में झगड़ा 'गुरु' जेकरे मन कऽ इष्ट हौ,
हौ आवारा कौन ऊऽ तऽ कम्युनिस्ट हौ।

(1970, 'आज', स्वर्ण जयन्ती विशेषांक)

तू कोसऽ, हम तोहें असीसब

तू कोसऽ, हम तोहें असीसब,
गाली, मार, कमी गल्ला कऽ
का करिहैं मिलजुल के ई सब?
गौरैया- अस चें चें करके,
सबकर दया बटोर लऽ पहिले,
पाछे बनके बाज 'गुरु' तू,
पंजा, ठोर दराज देखउलऽ
तू मसीन सासन कऽ ढोवऽ,
हम अपने घर चकरी पीसब।
हम सब तोहरे संघे बारी,
साबित ई अखबार करत हौ।
भूखी नंगी रहले पर भी
जनता जै जैकार करत हौ।

(1970, 'आज', स्वर्ण जयन्ती विशेषांक)

चांननी में गोल जग छीलल कसेरू हौ

लहकत हौ डार-डार तारन कऽ फूल-फूल
चहकत लऽ चन्द्रमौ तऽ बनल पखेरू हौ।

चांननी से मढ़ल देखात हौ पहाड़ जैसे
चांननी के चद्दर में सोने कऽ सुमेरू हौ।।

× × ×

छाइल सफेदी में गुलाबी कऽ अनोखा रंग
ढंग से बुझाला जैसे दुनिया में गेरू हौ।
चांननी कऽ चारों ओर चौचक जमल रंग
ओम्मे गुरु गोल जग छीलल कसेरू हौ।

(1970, सन्मार्ग)

फागुन कऽ मस्त पौन

फागुन कऽ मस्त पौन
गौन हौ करत 'गुरु'
बागन बनन में सुगंध
भभरायल हौ।
कोकिल त कुहूकत हौ
ऊकत हौ बार-बार,
घर में बजार में बहार
खूब छायल हौ।
जोबन गरुर गरराय
गैल गोरिन कऽ
छँटल छतीसा छैल मन
गरमायल हौ।
रंग बरसावत उड़ावत
अबीर नीर।
साल भर बाद आज फाग
फेर आयल हौ।।'

(1970, 'आज', स्वर्ण जयन्ती विशेषांक)

गीत

अल्ला तेरी महजिद अव्वल बनी

अल्ला तेरी महजिद अव्वल बनी
पीछे सजी सब ख़िलकत धनी
अल्ला तेरी महजिद अव्वल बनी
अल्ला के प्यारे न्यारे रसूल भये
फसले बहार से पहले बेफूल भये
आसी तो हम सब उनको ही भूल गये
वो ही करीम म़ेरा। वो ही गनी
अल्ला तेरी महजिद अव्वल बनी
गुंचा ख़ुदा का जो पहला मिला था
चार सब्ज़ पत्तों में घिरकर खिला था
हम पर रहीम हो जिस दम हिला था
फैली ख़ुदाई की खुशबू छनी
अल्ला तेरी महजिद अव्वल बनी
चार यार ऐन थे
दो उनके हाथ थे दो उनके नैन थे
हज़रत सिद्दी की फ़रुक्ख़ो ज़ुन्नू रैन थे
हैदर अली तो नबीं के सुकूँ चैन थे
हारा वही जिसकी उनसे ठनी
अल्ला तेरी महजिद अव्वल बनी
अल्ला की रहमत नबीं के करम से
औ ज़ेरे-महज़िद के मेहरा बेख़म से
सिज़दे में उठती दुवाओं के दम से
बन्नी बनै धन बन्ना धनी
अल्ला तेरी महजिद अव्वल बनी।

(1948)

अरे रामा, नागर नैया जाला कालेपनियाँ रे हरी!

अरे रामा, नागर नैया जाला कालेपनियाँ रे हरी!
सबकर नैया जाला कासी हो बिसेसर रामा,
नागर नया जाला कालेपनियाँ रे हरी!
घरवा में रोवैं नागर माई औ बहनियाँ रामा
सेजिया पै रोवै बारी धनियाँ रे हरी!
खुँटिया पै रोवै नागर ढाल तरवरिया रामा,
कोनवाँ में रोवै कड़ाबिनियाँ रे हरी!
रहिया में रोवैं तोर संगी अउर साथी रामा,
नारघाट पर रोवै कसबिनियाँ रे हरी!
ज़ो मैं जनत्यूँ नागर जइना कालेपनियाँ रामा,
तोरे पसवाँ चलि अवत्यूँ बिनुरे गवनवाँ रे हरी!
अरे रामा, नागर नैया जाला कालेपनियाँ रे हरी!

(1948)

तुलसी महात्म्य

न पूछो क्या किया संसार का उपकार तुलसी ने,
निराशा में आशा का किया संचार तुलसी ने,
विषय-विषपान से जो सृष्टि मूर्छित थी उसी के हित
रसायन रामरस का कर दिया तैयार तुलसी ने
न पूछो क्या किया संसार का उपकार तुलसी ने।
सादृश भगवान की भावनाएँ जो निराकृत थीं,
उसे अभिव्यक्ति देकर किया साकार तुलसी ने
न पूछो क्या किया संसार का उपकार तुलसी ने।
तिरस्कृत शान्तता को कर असीमित के सहारे से,
कला के क्षेत्र का अतिशय किया विस्तार तुलसी ने
न पूछो क्या किया संसार का उपकार तुलसी ने।
धरा थी जल रही धूँ-धूँ
चिता के दम्भ के चढ़कर
बुझा वह आग दी कर सत्य की बौछार तुलसी ने
न पूछो क्या किया संसार का उपकार तुलसी ने।
उधर साकार करके लोकपति को लोक में घट-घट
दिखाया लोक का आलोक का प्रस्तार तुलसी ने

न पूछो क्या किया संसार का उपकार तुलसी ने।
सदा वैराग्य के घर में ही बना बन्दी सदृश जो था
बनाया भक्ति को उस ज्ञान का आगार तुलसी ने
न पूछो क्या किया संसार का उपकार तुलसी ने।
जो चारण-चाटुकारों के ही कारण थी पड़ी हल्की
दिया उस बिन वाली को सरस स्वर भार तुलसी ने
न पूछो क्या किया संसार का उपकार तुलसी ने।
सदा से द्वेष जर-जर सृष्टि है जो यह विधाता की,
बसाया स्नेह का सुखद संसार तुलसी ने
न पूछो क्या किया संसार का उपकार तुलसी ने।
भवन यह यश के तुलसी का 'रुद्र' शाश्वत ही
शिला का शील का जिसने किया आधार तुलसी ने
न पूछो क्या किया संसार का उपकार तुलसी ने।

(1952)

जय हिन्दी जय नागरी

जय हिन्दी जय नागरी
सुर धुन-सी गुन आगरी
जय हिन्दी जय नागरी।
भाव-प्रभाव-हाव सुचि सुन्दर
शाश्वत विमल विभाव युग स्वर
संचारी संचरित सदा ही
सुरभित नव रस गागरी
जय हिन्दी जय नागरी।
सत्य सदा कल्याणमयी जो,
अति ऊर्जस्वित प्राणमयी जो,
जिससे है सौभाग्य सभी का,
जिसका अचल सुहागरी
जय हिन्दी जय नागरी।
कोटि कबीर सदृश अलबेले
तुलसी-सूर गोद में खेले,
छेड़ सोहनी कभी सुहानी
गाकर कभी बिहागरी,
जय हिन्दी जय नागरी।

नामदेव नरसी से पूजित,
मीरा, भारत चन्द्र सुकुजित,
गुरु गोविन्द और विद्यापति,
तब अनुराग-विरागरी
जय हिन्दी जय नागरी।
'रुद्र' जननी कब तक सोयेगी,
भारत में नव उषा जागी,
भारती तू भी जाग री,
जय हिन्दी जय नागरी।

(1952)

गंगा द्वारे बधैय्या बाजे

गंगा द्वारे बधैय्या बाजे
गंगा किनारे हर हर पीपर
पहर पहर टकरात लहर पर
लाल पताका बिराजै। बधैय्या बाजे
तीनों लोक चौदहों भुवन में
महिमा अमित बिराजै। बधैय्या बाजे
चुनरी चढ़ावऽ माला चढ़ावऽ
डाली चढ़ावऽ डाला चढ़ावऽ
आर-पार तक साजै। बधैय्या बाजे
पापिन के तारै अपापिन उबारै
मुवले तऽ तारै जियलै उबारै
धन बिसतारै। अनाजै। बधैय्या बाजे।

(1952)

रनियाँ लऽ परमेसरी लोट!

रनियाँ लऽ परमेसरी लोट!
दरऽगोड़े से घेवर बुँदिया
दे माथे मोती कऽ बिंदिया
अउर किनारी में सारी के
टाँक सोनहली गोट। रनियाँ...।

रंग तऽ हौ कोइल अस करिया
कंठ भरल अमरित कऽ घरिया
तोर नजरियां से टकरउले
चिटक उठलऽ ला भोट। रनिया...!

कोढ़ियल मुँहवैं लेब वकोट
तोर बाप तऽ घाट अगोरलन
कौड़ी-कौड़ी जोर बटोरलन
तैं सरबउला बोल जिन्नगी में
कब देखले लोट? कोढ़ियल...!

जेतना मन मानै गरिआवऽ
अइसे दिलकऽ तपन बुझावऽ
अपने मनकऽ बिथा सुनाइब
हम डंके के चोट। रनियाँ...!

(1952)

लघु खंडकाव्य

तुलसीदास

तुलसीदास

पूत पन्द्रह सौ नवासी वर्ष था
सरस श्रावण मास का उत्कर्ष था।
सप्तमी तिथि समय उजले पाख का
देश ने पाया रतन नौ लाख का।
काव्य नभ में उदित रवि फिर से हुआ।
कुटिल कलि में आदि कवि फिर से हुआ
पर निपीड़ित जाति का उल्लास था
रुदन विकृत बदन का मृदु हास था।
दीप्त प्रतिभा का विराट विकास था
और, उसका नाम तुलसीदास था।

***

भ्रान्त जग में भी परम अभ्रान्त था
कलित कविता कामिनी का कांत था
काव्य कानन का नवल ऋतुराज भी
और सन्तों का सतत सिरताज भी
शांति का कवि क्रांति का निर्घोष था
साथ ही सन्तोष का भी कोष था
राम यश के मानसर का हंस था
शारदा के कण्ठ का अवतंस था
पाप पर्वत पर प्रबल पवि था वही
राष्ट्र का प्रतिनिधि महाकवि था वही।।

***

देश था परतंत्र, क्लेश स्वतंत्र था
और कीलित मुक्ति का भी मन्त्र था
दिन दहाड़े थे रजनीचर दीखते

खेल के मिस बध क्रिया जो सीखते
नाचते उल्लंग थे शैतान सब
लुट रहा था देश का धन मान सब,
मिट रही थी श्रेष्ठता की शान सब,
हो रहे थे ह्रास से हैरान सब,
तब भरा नव भाव तुलसीदास ने,
पार कर दी नाव तुलसीदास ने।

***

हो रहा था जन दुःखी दुर्भाव से
था विकल परतन्त्रता के घाव से
मथ रहा था हृदय सकल समाज का
राजकां बन दास सेवक ताज का
मिल रही बस क्रूरता बख्शीस थी
चोट की उठती निरन्तर टीस थी
था रहा जब घट न रुज क्षण के लिए
देश की तब व्याधि-वारण के लिए
भव्य-भव्य निदान तुलसी ने किया,
और विविध विधान तुलसी ने किया।
धन्य वह तिथि, धन्य फिर वह वार था
जब कि तुलसी का हुआ अवतार था
धन्य राजापुर हुआ हो ग्राम भी
पुण्य थल जो बन गया, अभिराम भी
धन्य रज उस भूमि की अति धन्य है
देश को जिसका कि दान अनन्य है
सहज स्नेही, या कि चिर द्वेषी हुए
धन्य! उनके जो कि प्रतिवेशी हुए
धन्य उनका वंश, उनका गोत भी
(भूल भी चरचा न जिसकी की कभी!)

***

सृष्टि की वह तो निराली रात थी
थी उजाली किन्तु काली रात थी
सांस ठंडी खींचता था जब पवन
सनसनाता था भवन भी और वन

ऊष्मा की आग पर छींटा पड़ा
छूट क्षिति से अग्नि कण उभड़ा गड़ा
फिर वही कण तृण बना निज प्राण दे
हिल उठा सामोद पुलक प्रमाण दे
चारु पावस पुत्र दाता चरु हुआ
भूमि हुलसी और तुलसी तरु हुआ।
जन्म दे मानों जननि भी चल बसी
और दासी मातृरूपा हो लसी
कोख से बालक गिरा यों धूल में
फँस पड़ा ज्यों फूल बिकस बबूल में
बिंध गया मन भी पिता का शूल में
जानकर उत्पन्न है शिशु मूल में
शुद्ध शंका से जनक दशरथ बना
घर दिया शिशु का तुरत ही पथ बना
ठीक ही है, रत्न मिट्टी में मिले!
फूल दुर्लभ क्यों न काँटों में खिले?

***

सर्प दंशन से नयी यह अम्ब भी
मर गयी, शिशु का बचा अवलंब भी
ग्रीष्म में जलधार-सा तट छोड़ कर
हट गया मुँह मोड़कर, मन तोड़कर
हाय शैशव खोजते कन कटकटा
और सूकर खेत में बचपन कटा
बार बार सुना गये नरहरि कथा
ठीक ठीक न लग सकी पर हरिकथा
एक बालक की विमुग्ध बिसात क्या
नालव में चेतना की बात क्या?
अल्प प्रवचन सुन सदैव विराट पर
आ बसे फिर पंचगंगा घाट पर
यों सनातन शेष की आये शरण
और काशीवास कर बैठे वरण
कर चले पन्द्रह बरसतक अध्ययन
शास्त्र सुन, साहित्य गुन, धुन व्याकरण
अन्त में मतिमान हो मण्डित हुए

बहुविदित विद्वान् हो पण्डित हुए
लौट फिर निज पितृ गृह रहने लगे
रामसीता की कथा कहने लगे।

***

रुक्ष तन है क्या न स्नेहन चाहता
क्या बुभुक्षित जन न भोजन चाहता?
मन मिले क्या यह नहीं मन चाहता?
प्रेम करना क्या न यौवन चाहता?
जब दशा इस प्रश्न की थी एक द्विज
कर गये उनको वरण जामातृ निज
पर्व पर स्नानार्थ आकर पार से
मुग्ध तुलसी के हुए व्यवहार से
हो गया यों ब्याह तुलसीदास का
सौरभ-श्री से मिलन मधुमास का।
जो जनमते ही जननि के स्नेह से
हो गया वंचित पिता के गेह से
स्नेह का कण तक न जिस को प्राप्त था
किन्तु मन में प्रेम जिसके व्याप्त था
लालसा जिसकी हुई साधार जब
प्रेमको जाया मिली आधार जब,
जिस विहग को था सदा ही मरु मिला
किन्तु जिसको अन्त तरुणी-तरु मिला-
क्यों चहकता वह न अति आसक्त बन!
क्यों विचरता वह न पत्नीभक्त बन!

***

प्राण से बढ़ यों प्रिया को प्यार कर
प्यार को अपना सकल आधार कर
मेघ मंडित रात में बरसात की
विकट खरस्रोता नदी भी पार कर
पास पहुँचे जब प्रिया के नेह से
हो विमुख उसने निकाला गेह से
पर उन्होंने मन किया ठहरें यहीं
(सहज चीनी छोड़ता चींटा नहीं)

मानिनी क्यों धृष्टता सहने लगी
क्रुद्ध हो पति से वचन कहने लगी।
लाज तज हो नाथ आये, क्या कहूँ
यों लगे-से साथ आये, क्या कहूँ
प्रीति मत इसको कहो, आसक्ति यह
है तुम्हारी शुद्ध पत्नी-भक्ति यह
प्यार नारी मूर्ति से ही है तुम्हें
काम इच्छा पूर्ति से ही है तुम्हें
मैं डरी हूँ, तुम डरो तो त्राण हो
जो कहूँ यदि वह करो कल्याण हो
अस्थि चर्म शरीर में है प्रीति तो
राम में होती, न होती भीति तो...

***

यह वचन सुन बन्द आँखें खुल गयीं
याकि खग की शिथिल पाँखें खुल गयीं
प्रेम जो केन्द्रित रहा था व्यष्टि में
वह बना व्यापक विकीर्ण समष्टि में
जब कि काली बन गयी शिव-संगिनी
कर विनाश चली महा रणरंगिनी
रुद्र पदतल पड़ गये, स्वच्छन्द ही
आदि से नर का यही आनन्द ही
ताप से जो तप गया रवि बन सका
सर्वहारा ही महाकवि बन सका।
राम रस चखि पत्नि के उपदेश से
चल पड़े घर से विरागी वेश से
रामरज ने देह को कलकांति दी-
पुनः काशी ने अभीप्सित शांति दी-
रामचर्चा में सतत रहने लगे
राम रस में निशि दिवस बहने लगे
प्रेत को परितुष्ट कर जलदान से
कामना की भेंट हो हनुमन से
प्रेत ने उनको बतायी युक्ति तब
और तुलसी ने उसे दी मुक्ति तब।

***

एक कोढ़ी की कथा में भक्ति लख
रामचर्चा में प्रबल अनुरक्ति लख
एक दिन पथ में पकड़ उसका चरण
दास तुलसी ने कहा--दो भक्तिकण
राम से मुझको मिला प्रभु दीजिये
कामना-कलिका खिला प्रभु दीजिये
पवनसुत ने कुष्ठ रोगी वेश से
चित्रकूट निवास के आदेश से
युक्ति बतला मुक्ति दे दी क्लेश से।
भेंट होगी किस तरह अवधेश से।
छोड़कर काशी अयोध्या चल पड़े
मार्ग में जितने पवित्र स्थल पड़े
जा किया दर्शन उन्होंने हर कहीं
रम सका उनका कहीं भी मन नहीं
मूर्ति रख अपने हृदय में राम की
राह पकरी चार धाम ललाम की
बदरिकाश्रम से बढ़े कैलास तक
और पहुँचे मानसा के पास तक
घूम घूम समस्त तीर्थाटन किया
चित्रकूट निवास का फिर मन किया।

***

साधु संतों का यहाँ पर रंग था
संग यदि था तो सदा सत्संग था
पर्ण कुटियों में अपरिमित शांति थी
ज्ञानवानों के न मन में भ्रांति था
पुष्प, पौधे या कि जितने वृन्त थे
थे वहाँ पर जो, सभी निश्चिन्त थे
मुदित थे मृग और मत्त मयूर थे
किन्तु तुलसीदास सुख दूर थे
राम दर्शन की रही चिन्ता बड़ी-
आ गयी सौभाग्य से वह भी घड़ी।
घाट पर मंदाकिनी तट एक दिन
आ गये स्नानार्थ दो भट एक दिन
भक्तगण करते वहाँ वंदन रहे

और थे तुलसी रगड़ चन्दन रहे
स्नान करके शेषशायी शेष भी
घाट पर आये बदलकर वेश भी
हृदय मलयज रख शिला पर ध्यान की
जो पिसा मृगमद सुरभि भर ज्ञान की
भक्तिजल से जो तिलक प्रस्तुत हुआ
भाल से भगवान के संयुत हुआ।

***

फिर अवधवासी हुए भर चाव से
और मारुति वंदना कर भाव से
भक्ति की नव भावना भरने लगे
चारु चर्चा राम की करने लगे
जबकि संवत् षष्ठ दश इकतीस था
बीस याद तिथि, वार भी न उनीस था
यों समझिये रामनवमी तिथि रही
और मंगलवार की जोड़ी लही
तब गिरा चित्त भी मुदित होने लगा
रम्य रामायण रचित होने लगा।
भक्ति में मिलकर कला जब घुल चली
तब सरस अनुभूति मन की खुल चली
अतः मानस में नहीं सन्ताप है
राम सीता का न प्रेमालाप है
पूर्ण मानव का सुकीर्ति कलाप है
ग्रन्थ अपना जोड़ अपने आप है
नारिनर के प्राण के सम्पर्क की
है कथा सन्देह, तर्क, वितर्क की
दिव्य मिलन वियोग का इतिहास है
और मानव मुक्ति का विश्वास है।

***

शास्त्र के साहित्य वैदिक ज्ञान से
आहरण कर भाव विविध विधान से
सकल वादों का समन्वय कर गये
और रस से विमल मानस भर गये

दे दिया उत्साह का सन्देश नव
भक्ति का भी कर दिया कुछ वेश नव
मृतक मन में प्राण संचारित किया
देश और समाज का यों हित किया
लोकपति का रूप रच अनुरक्तिमय
शीलमय, सौन्दर्यमय, अति शक्तिमय।
यह बताया योग क्या है, भक्ति क्या
यह बताया व्यक्ति क्या, अभिव्यक्ति क्या
यह बताया धर्म का है मर्म क्या
यह बताया लोक का है कर्म क्या
यह बताया व्यक्ति बहुत महान है
और फिर अभिव्यक्ति उसकी जान है
व्यक्ति से भी लोक की ऊँची कड़ी
लोक से भी लोक मर्यादा बड़ी
लोक मर्यादा विदूषक त्याज्य है
लोक संग्रह सन्त का साम्राज्य है।

***

जो कहा आगम निगम सम्मत कहा
लोक के कल्याण का ले व्रत कहा
नारिनर बालक सभी के हित कहा
जो कहा सब कुछ परम परिचित कहा
यह बताया पाप क्या है, पुण्य क्या
यह दिखाया क्या जरा, तारुण्य क्या
व्यर्थ बतलाया-अधूरा देखना
दृष्टि का है काम पूरा देखना
ध्वंस ही देखो न, देखो सृष्टि भी
देख लो दोनों अवर्षण वृष्टि भी।
यह बताया नर वही धारा ढरे
सुर-सरित-सी हित सभी का जो करे
जन समृद्धि सुराज्य का संलक्ष्य है
राज्य का जन तो कदापि न भक्ष्य है
जनहितैषी का चरित उपभोग्य है
और जनत्रासक नरक के योग्य है
हों पिता दशरथ सदृश, सुत राम से

और भाई भी भरत निष्काम से
पूज्य सीता सी सती हों नारियाँ
यश बिखेरें फूल की बन क्यारियाँ।

***

पंगु बच्चों की विकट बैसाखियाँ
छोड़कर सबदी रमैनी साखियाँ
चारु चौपाई चपल गति दी चला
जायसी के ढंग पर मति दी चला
अवध-पति की सुकृति अवधी में कही
और बाषा काव्य की ब्रज भी रही
सूर विद्यापति सदृश गा गीत भी
चन्द और रहीम की रख रीत भी
नीति की भी सूक्ति पद्धति पर कहा
गंग कवि के छन्द की गति पर कहा।
यह बताया जीव किसका अंश है
यह कहा वह ब्रह्म का अपभ्रंश है
ब्रह्म क्या है–रंक भी है, भूप भी
यह कहा–वह नाम भी है, रूप भी
यह कहा–घट में न कोई तत्व है
सामने जो कुछ उसी में सत्व है
ब्रह्म ही है बीज, प्राणी शस्य है
उभय का सम्बन्ध भी न रहस्य है
राममय ही साधु और डकैत है
शिष्ट-सम्मत मत विशिष्टाद्वैत है।

***

राम सीतामय सदा कण कण, लिखा
जान ले जग तथ्य, रामायण लिखा
फिर अधूरा ग्रन्थ ले काशी चले
साथ में ले ख्याति अविनाशी चले
राम का गुणगान कर अति आर्त बन
पंचदेव उपासनारत स्मार्त बन
रामरस की दी उठा ऊँची लहर
ढा दिया कलिकाल पर भारी कहर

त्रास कलि ने जब दिखाया वाम हो
पत्रिका लिख दी विनय की राम को
और फिर गीतावली दोहावली
साथ ही रामाज्ञा प्रश्नावली
जानकी मंगल रचा फिर चाव से
पार्वती मंगल बनाया भाव से
फिर कवित्तों में कथा रामायनी
कृष्ण गीतावलि अनोखी भी बनी
सीख बरवै छन्द रामायण रचा
फिर न नहछू गीत तक उनसे बचा
जब बनी वैराग्य की संदीपिनी
ग्रन्थ संख्या यों गयी बारह गिनी।

***

जो न था उनसे कभी संभाव्य भी
एक दिन रचना पड़ा वह काव्य भी
एक शब्द कहा न था नर के लिए
किन्तु दोहे चार टोडर के लिए
मृत्यु पर उनकी विवश हो कह गये
मित्रवत्सल थे, विरह में बह गये
ख्याति थी, सम्मान था, सुख शांति थी
वृद्धता में भी अनोखी कांति थी
काम पूरा हो गया प्रिय प्राण का
आ गया क्षण भी निकट निर्वाण का।
रुद्र बीसी थी भयंकर काल था
भूख से वन वर्ग भी बेहाल था
पेट खाली और आँखें थीं भरीं
प्रश्न था–'जाई कहाँ औ का करी?'
प्लेग भी इस बीच आकर फट पड़ा
और तुलसी पर प्रहार किया कड़ा
थी विषम स्थिति, थे सनीचर मीन के
राम ही रक्षक बचे थे दीन के
किन्तु तुलसीदास खासे बच गये
कष्ट पा हनुमत्कृपा से बच गये।

***

क्योंकि घट आयुष्य का न भरा अभी
काल सिर पर था रहा मंडरा अभी
आ गया शनिवार विकट प्रहार कर
पड़ गये तुलसी, रुजों से हारकर
चल पड़े वह स्वर्ग अपने राम से
भेंट ने, विश्राम लेकर काम से
था महाकवि का सरस सौभाग्य भी
जन्म श्रावण में मिला, वैराग्य भी
फिर वही श्रावण बदी तिथि तीज थी
राम ने ली जो कि उनकी चीज़ थी।
जो चढ़े सिर पर नशे का स्वाद बन
आँख में छाये वही अवसाद बन
रक्त बनकर वह नसों में रस गये
और तन में प्राण बनकर बस गये
गूँजता उनका वचन छन-छन रहा
देश और समाज का जीवन रहा
अतः तिथि निर्वाण की आराध्य है
श्राद्ध चाहे हो न, श्रद्धा साध्य है
तीन सौ उन्तीस बीते वर्ष,
आज भी तुलसी हमारे हैं अमर।

(1952, काशीस्थ प्रसाद परिषद्)

गजलिका

ग़ज़ल-संग्रह

है चपल खूब कि मृग-छौना है।
है सजीला बहुत सलौना है॥
अति सुघर यह हृदय सुदृढ़ भी है।
खेल की वस्तु है, खिलौना है ॥

—रुद्र काशिकेय

ग़ज़ल की पृष्ठभूमि, स्वरूप-विश्लेषण

ग़ज़ल क्या है ?

लन्दन शहर में शाही नहर की मनोहर लहर भी यह देखकर लहर-बहर हुई जा रही थी कि उसके तट पर चाँद का टुकड़ा जगमगा रहा है और प्रचंड प्रभाकर के पार्थिव तेजपुंज उसके चारों ओर तारों की तरह झिलमिला रहे हैं, रह-रह कर झाईं खा रहे हैं। इंग्लैंड के अभागे राजा चार्ल्स प्रथम की सौभाग्यशालिनी पुत्री राजकुमारी हेनरियेटा ब्रिटेन के सजीले और गर्वीले अरुण-तरुण सरदारों से घिरी वायु-विहार की बहार ले रही थी।

तेजस्वी तरुण ड्यूक बकिंघम ने आहत स्वर में कहा-राजकुमारी आप अपने वचन-बाणों से मेरे हृदय को आर-पार बेध रही हैं।

राजकुमारी ने सुन्दरी-सुलभ अदाकारी के साथ उत्तर दिया—ड्यूक महोदय! आप क्या फ्रान्सीसी मैड्रिगाल नामक गीत का कोई अंश सुना रहे हैं।[1]

यदि उक्त राजकुमारी ब्रिटिश की जगह भारतीय रही होती तो निश्चय कहती कि आप क्या उर्दू ग़ज़ल का कोई शे'र सुना रहे हैं। वस्तुतः जिस छुरी-कटारी वाले भाव को समझ कर उक्त उत्तर दिया गया है, वह उर्दू ग़ज़ल की विशेषता रहा है। जैसा कि पाद-टिप्पणी में मैड्रिगाल[2] की छन्द-रचना के सम्बन्ध में कहा गया है, उर्दू ग़ज़ल में भी कुछ इसी तरह का नियम है कि उसमें छह से कम और चौदह से अधिक पंक्तियाँ न होनी चाहिए। साथ ही जैसे मेड्रिगाल वासनात्मक प्रेम प्रगट करने का हल्का-फुल्का माध्यम है, उसी प्रकार ग़ज़ल भी। इस दृष्टि से कुछ दूर तक इसकी तुलना अंग्रेजी के सॉनेट (चतुर्दशपदी) से भी की जा सकती है। सॉनेट भी चौदह पंक्तियों का ही छन्द

---

1. फ्रेंच ऐतिहासिक उपन्यासकार ड्यूमा की तीन तुपकची (थ्री मास्केटियर्स) नामक उपन्यास-माला के वाइकाउंट डी ब्रैजिलोन नामक पुस्तक से।
2. मैड्रिगाल एक प्रकार का छोटा-सा गेय पद होता है। साधारणतया इसका विषय प्रेम होता है। इसकी विशेषता यह है कि बहुत थोड़े शब्दों वाली पंक्तियों में बड़े-बड़े भाव पिरोये रहते हैं। रचना का नियम यह है कि शब्द-विन्यास लघु गुरु (आएम्बिक) पद्धति पर किया जाता है। इनमें कम से कम छह और अधिक से अधिक तेरह पंक्तियाँ रहतीं हैं। और तीन तुकान्त रखे जाते हैं। यह छन्द लिखने में इटली के पेट्रार्क और टैसो, फ्रान्स के मान्ट्रयूल और मोन्क्रिफ, जर्मनी के हेजडार्न, वौस, स्कलेजेल और गेटे और ब्रिटेन के लाज, विदर्स, कैर्‌यू और सकलिंग ने बड़ी ख्याति पाई है। प्रेम ही इस छन्द का प्रधान विषय होना चाहिए।

होता है और बेब्स्टर के कथनानुसार इसका भी मुख्य विषय वासनात्मक प्रेम ही होना चाहिए। इस प्रकार मैड्रिगाल, सॉनेट और ग़ज़ल एक ही प्रकार की चीज़ हैं। सॉनेट और ग़ज़ल में सबसे बड़ा अन्तर यह है कि जहाँ सॉनेट में एक ही केन्द्रीय भाव रहता है वहाँ ग़ज़ल के प्रत्येक शे'र में भिन्न-भिन्न भावों की अभिव्यक्ति की जाती हैं। शब्दों और भावों की कसावट की दृष्टि से ग़ज़ल मैड्रिगाल के अधिक समीप है।

जहाँ तक 'ग़ज़ल' शब्द की व्युत्पात्तिका सम्बन्ध है कुछ लोगों का यह कहना है कि अरबी में ग़ज़ल और ग़ज़ाल दो शब्द हैं। ग़ज़ाल का अर्थ मृग है, अतः सम्भव है कि मृग-नैनी अर्थात् किसी सुन्दरी के सम्बन्ध में छन्दोबद्ध प्रेमाभिव्यक्ति की संज्ञा ग़ज़ल हो गयी हो। यह दूरारूढ़ कल्पना कोरी कल्पना ही प्रतीत होती है, कारण मृग-नैनी का महत्त्व भारत में चाहे जितना हो, उधर तो नरगिसी आँखें ही पसन्द की जाती रही हैं। दूसरा मत यह है कि अरब में ग़ज़ल नामक एक शायर था जो प्रेम पर ही लिखा करता था।[1] परन्तु वस्तुतः कोश के अनुसार ग़ज़ल का शाब्दिक अर्थ बार-बार बातचीत करना है।[2] यद्यपि सचाई यह है कि ग़ज़ल कभी अपने शाब्दिक अर्थ में सीमित नहीं रही। इसी व्यापकता की परिधि सदैव भिन्न-भिन्न प्रकार के भावों और विचारों से भरी पूरी रही है। ग़ज़ल के कवियों ने ईश्वरीय प्रेम के साथ ही सांसारिक प्रेम की भी अभिव्यंजनाएँ की हैं। इस सांसारिक वासनात्मक प्रेम का प्रभाव उर्दू में कुछ इस हद तक पहुँचा कि कवियों ने अपनी प्रेमिका की कंघी, चोटी, अंगिया-कुरती तक का वर्णन करना आरम्भ कर दिया और यह वह चीज़ थी जिसने साहित्य-मर्मज्ञों को ग़ज़ल की ओर से बेजार कर दिय। उर्दू ग़ज़ल शमापरवाना, गुल व बुलबुल, छुरी-कटारी और पैमाना व मैख़ाना की चहारदीवारी में घुट कर रह गयी। परन्तु समझदारों ने समझ से काम लिया और ग़ज़ल को उन्होंने मानव हृदय के सूक्ष्मम और उच्चतम भावों को प्रकट करने का माध्यम बनाया। इसीलिए ग़ज़ल की प्रशंसा करते हुए मुंशी जगतमोहन 'खाँ' ने लिखा कि—

अल्ला अल्लाह रे ये वसअते दामाने ग़ज़ल,
बुलबुलो गुल ही पेमौकूफ़ न है शाने ग़ज़ल,

खत्म लेता है दो आलमपे नैपायाने ग़ज़ल,
पूछे कोई हाफ़िजे शीराजसे इमकाने ग़ज़ल,

जब्त है आईनये राजे हकीकत इसमें।
ये वो कूजा है कि दरिया की है वसअत इसमें।।

---

1. उर्दू का इतिहास...सैयद कासिम अली,
कविता-कौमुदी...रामनरेश त्रिपाठी,
2. यद्यपि सैयद हुसेन अली द्वारा सम्पादित और पाकिस्तानी नेता फजलुल हक को समर्पित कनसाइस डिक्शनरी में ग़ज़ल का प्रचलित अर्थ ही दिया गया है, जैसे...
ग़ज़ल-अरबी। स्त्रीलिंग। लव पोयम (प्रेम की कविता)

जैसा कि उपर्युक्त पंक्तियों से विदित है उर्दू ग़ज़ल की शान 'गुलो बुलबुल' पर ही समाप्त नहीं होती, बल्कि उसमें 'आईनये राज़े हकीकत' भी है। अर्थात् सत्य का रहस्य-जीवन का दर्शन भी उसमें सुदर्शन चक्र की तरह चक्कर लगाया करता है। बिल्कुल उसी प्रकार जैसे 'सॉनेट' 'अमेटरी नेचर' का अर्थात् वासनात्मक होते हुए भी इतनी ऊँचाई तक जाता है कि रोजेटी ने उसके सम्बन्ध में लिखा–

[1]ए सॉनेट इज ए मूमेन्ट्स मानुमेन्ट मेमोरियल फ्राम दि सोल्स
इटर्निटी टु वन डेड डेथलेस आवर–

(सॉनेट क्या है? आत्मा की अमरता द्वारा प्रदत्त स्मारक है। वह एक ऐसे क्षण का स्मारक है जो बीत जाने पर भी अमर रह गया है।)

ग़ज़ल की बनावट

ग़ज़ल की बनावट के सम्बन्ध में यह ध्यान रखना चाहिए कि उसमें क़ाफ़िया और रदीफ़ का हमवजन होना आवश्यक होता है। क़ाफ़िया को हिन्दी में तुक कहते हैं। क़ाफ़िया प्रत्येक चरण में परिवर्तित होता रहता है परन्तु रदीफ़ स्थिर रहती है। कभी कभी रदीफ़ रहती ही नहीं। पंडित रामनरेश त्रिपाठी ने 'कविता-कौमुदी' चतुर्थ भाग में लिखा है कि 'हिन्दी की तरह उर्दू में तुक मिलाने को कड़ाइयाँ नहीं है। उर्दू में लगा, सदा, दुआ, बजा का तुक भी मिला हुआ समझा जाता है। क्योंकि इन शब्दों में सबके अन्त में आ है' परन्तु उर्दू वाले भी इसे दोष और कवि की अक्षमता ही मानते हैं।[2]

सौदा ने एक ग़ज़ल में 'गोरी' और थोड़ी का तुक बाँधा तो यह ग़लती मानी गयी परन्तु उनके भक्तों ने इतने बड़े उस्ताद को उक्त ग़लती से बचाने के लिए यह लीपापोती की कि मुग़लों के लहजे में थोड़ी को थोरी बोला जाता है।[3]

ग़ज़ल की एक पंक्ति मिसरा कहलाती है। दूसरा मिसरा जुड़ जाने पर उसकी संज्ञा शे'र हो जाती है। शे'रों की संख्या ताक रहती है यद्यपि यह ज़रूरी नहीं। ग़ज़ल का

---

1. A sonnet is a moments' monument
Memorial from the soul's eternity
To one dead deathless hour–
2. कदमा के पहले और दूसरे दौर की ज़बान निहायत शकील और मजरूह हैं और उनमें लफ़्जी ग़लतियाँ बकसरत पाई जाती हैं। चुनांचे तारीख शुअराये उर्दू में शाह मुबारक आबरू के हाल में लिखा है।...मगर इस्तेमाल अलफाज मजरूह का और न परवा करना बारीक बातों का यानी जायज रखना क़ाफ़िया 'सीन' और 'साद' का उसके कलाम से दरियाफ़्त होता है। न सिर्फ़ उसके कलाम में बल्कि उसके हमअहदों के कलाम में उससे ज़्यादा है। मीर साहब के यहाँ भी इसी किस्म की ग़लतियाँ पाई जाती हैं, मसलन–उन्होंने एक ग़ज़ल में ख़ुदा और दुआ को क़ाफ़िया और में को रदीफ़ बनाया है। –सैरुल हिन्द (द्वितीय भाग) मौलाना अब्दुस्सलाम नदवी।
3. देख कर साक़ तेरी बज़्म में गोरी गोरी।
शर्म को शमअ हुई जाती है थोड़ी थोड़ी।।
(सैरुल हिन्द, द्वितीय भाग)

पहला शे'र मतला और अन्तिम मक़ता कहलाता है। यदि दूसरा शे'र भी मतला हो तो इस्लाही ज़बान में उसे हुस्ने मतला कहते हैं। साधारणतया मक़ते में ही कवि अपना तख़ल्लुस अर्थात् उपनाम रखता है, कभी-कभी मतले में। ग़ज़ल के प्रत्येक शे'र का रंग प्रायः अलग-अलग रहता है। जौक के बारे में उनके शिष्य शमशुलउलमा मौलवी मुहम्मद हुसैन आज़ाद लिखते हैं कि 'उनकी ग़ज़ल एक गुलदस्तये गुलहाए रंगारंग होती थी। दो-तीन शे'र बुलन्द खयाली के, एक दो तसव्वुफ़ के, दो तीन मुआमले के।' आधुनिक उर्दू कवि रदीफ़ और क़ाफ़िये का ध्यान कम रखते हैं। यद्यपि इसे 'मौजूदा तरक्की पसन्द अनासिर और रुझान' का परिणाम बताया गया है परन्तु है यह वस्तुतः कवि की अक्षमता का ही परिणाम।

उर्दू ग़ज़लों का संक्षिप्त इतिहास

कुछ लोग उर्दू ग़ज़लों का काल-विभाजन दो खंडों में करते हैं और कुछ लोग चार खंडों में अर्थात् कुछ लोग केवल प्राचीन और अर्वाचीन के रूप में उर्दू ग़ज़ल का काल मानते हैं और कुछ प्राचीन मध्य कालिक, आधुनिक और अत्याधुनिक के रूप में। परन्तु सरल काल विभाजन यही प्रतीत होता है कि दक्खिनी शायरों से लेकर खाने आरज़ू के समय तक प्राचीन काल, सौदा और मीर के समय से लेकर दाग़ और अमीर के समय तक मध्य काल और तत्पश्चात आधुनिक काल, कारण इन तीनों कालों की प्रवृत्तियाँ और भाषा शैली अलग-अलग है। पहले दौर में ग़ज़लों की भाषा हिन्दी के बहुत समीप रही, दूसरे दौर में उसे फ़ारसी के रंग में अधिकाधिक ढालना आरम्भ हुआ और तीसरे दौर में फ़ारसीकरण पूर्ण हो गया तथा इस पूर्णता के प्रतिक्रिया स्वरूप देशी शब्दों का अधिकाधिक प्रयोग होने लगा। जहाँ तक उर्दू भाषा का प्रश्न है वह कोई स्वतंत्र भाषा न हो कर हिन्दी का ही एक रूप है और उसे सरलतापूर्वक सही ढंग से मुसलमानी हिन्दी कहा जा सकता है। उसके आरम्भिक काल में ग़ज़लों की भाषा ऐसी रही।

पिया साँवला मन हमारा भुलाया।
नज़ाकत अजब सब्ज़ रँग में दिखाया ॥

...सुल्तान मुहम्मद कुतुब शाह (1611...25)

विरागी जो कहाते हैं उन्हें घर-बार करना क्या।
हुई जोगन जभी पी की उसे संसार करना क्या॥

जो पीये कुदरती पानी उसे क्या काम पानी से।
जो भोजन दुख का करते हैं, उन्हें आहार करना क्या॥

न कोई जो धरमधारी कहे प्रीतम से समझाकर।
कि देखा कौन सँझोई से आ बेज़ार करना क्या॥

...वली (1668-1744)

तुझ बदन पर जो लाल सारी है।
अक़्ल उसने मेरी बिसारी है॥

कनकसों सफ़ादार है वो बदन।
कंवल डाल से हाथ, गुल से चरन॥

नयन दो कँवल और दो गुल है गाल।
कली चम्पे की नाक को है मिसाल॥

जूड़ा नहीं गेंद है कन्हैया की।
या सहसनागिनी है दरिया की॥

हर एक पनिहारिन वाँ अपछरा थी।
कुएँ के गिर्द इन्दर की सभा थी॥

दिलफ़रेबी की अदा उसकी अनूप।
रूप में थी राधिका सों भी सरूप॥

...फाइज (वली के समकालीन)

यदि उर्दू ग़ज़लों के कवि ऐसी ही भाषा माँजते जाते तो आज संभवतः हिन्दी और उर्दू के नाम पर पंजा लड़ाने की नौबत न आती। ख़ैर, इस दौर के ग़ज़लगो कवियों में वली, आरजू और मजमून आदि प्रसिद्ध हुए।

दूसरे दौर की उर्दू ग़ज़लों में हिन्दी, हिन्दू और हिन्द विरोधी भाव तेजी से स्थान पाने लगे। शाह गुलशन ने वली को पहले ही सलाह दी थी कि हिन्दी शब्दों की जगह फ़ारसी शब्दों का प्रयोग करो। वली ने उनकी राय पर चलना भी आरम्भ कर दिया था। मगर इस काम में जी जान से जुटे शेख नासिख। यह तो थी उनकी हिन्दी-विरोधी नीति। इसी समय यदि नासिख पंडित दयाशंकर 'नसीम' की धार्मिक भावनाओं पर चोट पहुँचाने के लिए उनसे ऐसे मिसरे की पूर्ति करने की फर्माइश करते थे कि 'शेख ने मसजिद बना मिसमार बुतखाना किया' तो सौदा उसी समय पाकिस्तान की नींव डालते हुए इन शब्दों में अपनी स्वदेश-विरोधी भावना प्रकट करते थे कि 'सिज़दा न करूँ हिन्द की नापाक़ ज़मीं पर।' इस दौर के ग़ज़लगो शायरों में मीर, सौदा, आतिश, नासिख, नसीम, मोमिन, ग़ालिब, ज़ौक, अमीर और दाग़ बहुत प्रसिद्ध हुए।

तीसरा दौर हमारे सामने है और जहाँ तक ग़ज़ल का सम्बन्ध है उसके प्रसिद्ध कवियों में असगर गोंडवीं, फानी बदायूँनी, जिगर मुरादाबादी, हसरत मोहानी, हफ़ीज आदि की गणना की जाती है। उर्दू के ग़ज़लगो शायरों के सम्बन्ध में हिन्दी में अनेक पुस्तकें निकल चुकी हैं जिनमें उनका परिचय विस्तार के साथ दिया गया है। इस सिलसिले में श्री अयोध्याप्रसाद गोयलीय की शेरो-सुखन नामक ग्रन्थ-माला और पंडित रामनरेश त्रिपाठी की 'कविता-कौमुदी' (चतुर्थ भाग) द्रष्टव्य हैं।

ग़ज़ल की लोकप्रियता

ग़ज़ल के रूप का जो विवेचन ऊपर किया गया है उससे स्पष्ट हो गया होगा कि उसमें सौन्दर्य और प्रेम-हुस्न व इश्क का वर्णन ही मुख्य होता है तथा उसमें हृदय के भाव थोड़े तथा चोट करने वाले शब्दों में प्रकट किये जाते हैं। प्रसाद गुण उसकी विशेषता होती है। मौलाना हसरत मोहानी ने कहा भी है—

शे'र दर अस्ल है वही 'हसरत'।
सुनते ही दिल में जो उतर जाये॥

अपनी इसी दिल में उतर जाने वाली विशेषता के कारण ग़ज़ल अत्यन्त लोकप्रिय रही है। हिन्दी और उर्दू का जो सम्बन्ध है उसे दखते हुए ग़ज़ल की प्रकृति हिन्दी में खप सकती है परन्तु भारत की उन भाषाओं में जिनकी भूमि ग़ज़ल के बिलकुल ही उपयुक्त नहीं हैं, ग़ज़लों की रचना उनकी लोकप्रियता का ही प्रमाण माना जायगा। गुजराती, बंगला और मराठी संस्कृत प्रधान भाषाएँ हैं। फिर भी उनमें समर्थ कवियों ने ग़ज़लों की रचना की है। गुजराती में कलापी उपनामधारी एक कवि हो गये हैं जिनका वास्तविक नाम सुरेन्द्र सिंह था। वह चतुर्थ श्रेणी के एक ठिकानेदार थे। वे अल्पायु में ही चल बसे तथापि गुजराती साहित्य में अपने लिए महत्त्वपूर्ण स्थान बना गये। उन्होंने कुछ ग़ज़लें भी लिखी हैं। कतिपय उदाहरण अप्रासंगिक न होंगे। उनकी 'आपनी यादी' शीर्षक ग़ज़ल है—

ज्यां ज्यां नज़र मारी ठरे यादी भरी त्यां आपनी।
आँसू महीं ये आँख थी यादी झरेछे आपनी॥

माशुकोना गालनी लाली महीं लाली, अने।
ज्यां ज्यां चमन ज्यां ज्यां गुलों त्यां त्यां निशानी आपनी॥

जेऊं अहीं त्यां आवती दरियाव नी मीठी लहर।
तेनी उपर चाली रही नाजुक सवारी आपनी॥

ता उपर तारा तणां भूमी रहस्यां झूमखां।
ते याद आपे आँख ने गेबी कचेरी आपनी॥

आ खून ने चरखे अने राते हमारी गोदमां।
आ दम-ब-दम बोली रही झीणीं सितारी आपनी॥

आकाशथी वर्षावता छो खंजरो दुश्मन बधा।
यादी बनीने ढाल खेंचाई रही छे आपनी॥

देखी बुराई ना डरूँ हूँ शी फिकर छे पापनी।
धोवा बुराई ने बधे गंगा बहे छे आपनी॥

थाकु सितमथी होय ज्यां ना कोई क्यांये आशना।
ताजी बनी त्यां त्यां चडे पेली शराबी आपनी॥

ज्यां ज्यां मिलावे हाथ यारो त्यां मिलावी हाथ ने।
अहसानमां दिल झूंकतु रहमत बड़ी त्यां आपनी॥

प्यारुं तजी ने प्यार कोई आदरे छेल्ली सफ़र।
धोवाइ यादी त्यां रडावे छे जुदाई आपनी॥

रोऊ न कां अे राहमां अे बाकी रही ने एकलो।
आशकोना राहनी जे राहदारी आपनी॥

जू नुं नवुं जाणूं अने रोऊं हसूं ते ते बधु।
जूनी नवी ना कांई ताज़ी एक यादी आपनी॥

भूली जवाती छो बधी लाखो किताबो सामटी।
जोयुं न जोयुं छो बने जो एक यादी आपनी॥

किस्मत कराबे भूल रो भूलो करी नाखुं बधी।
छे आखरो तो एकली ने अे ज यादी आपनी॥

(जहाँ-जहाँ मेरी दृष्टि जाती है, वहाँ वहाँ आप की स्मृतियाँ ही भरी दिखलाई देती हैं। आँखों में आँसू नहीं, ये आप की स्मृतियाँ ही झर रही हैं। प्रेयसी के कपोल पर लाली नहीं, वह सारी लाली, जगह जगह के उद्यानों और पुष्पों की शोभा-आप की ही निशानी है। नदी की इस ओर आती हुई मधुर लहरी पर आप की ही सवारी आ रही है। आकाश में जो तारे झूम रहे हैं, यह आप का दिव्य दरबार ही लगा हुआ है। काया में रक्त का जो प्रवाह चल रहा है, वह और कुछ नहीं, आप का मधुर मन्द

सितार ही प्रतिध्वनित हो रहा है। शत्रु अनेक प्रकार के शस्त्रों की जो वर्षों करते हैं, उसके विरुद्ध आप की याद आकाश के रूप में ढाल बनकर तनी हुई है। बुराइयाँ देख कर मैं डरूँ क्यों या पापों की चिन्ता मुझे क्यों हो? सारी बुराइयों और पापों को धो बहाने के लिए आपने ही तो गंगा की धवल धारा बहा रखी है। जो व्यक्ति विपक्तियों का मारा होता है और जिसे कहीं से कोई आश नहीं रह जाती, उस पर आपकी स्मृति का नशा चढ़े बिना नहीं रहता। जब किसी से हाथ मिलाने का सुयोग आता है तो हृदय कृतज्ञता से झुक जाता है कारण, उसमें आपकी ही अनुकम्पा खड़ी दिखाई देती है। जैसे कोई प्रेमी अपने प्रिय से बिछुड़कर यात्रा में पड़ जाता है और उसे अपने प्रिय की याद सताती है, उसी प्रकार आप का वियोग असह्य हो उठता है। इस राह में अकेला पड़कर क्यों न रोऊँ? प्रेमी भक्त के पथ-प्रदर्शक आप ही हैं न? किसी चीज़ को नयी समझ कर प्रसन्न होना या किसी को पुरानी समझ कर रोना व्यर्थ है। आप की स्मृति सदैव ताज़ा है, उसमें नया या पुरानापन नहीं। यदि कहीं आप की याद आ जाय तो लाखों पुस्तकें जो समेट कर पढ़ी गयी है, वे सब देखी अनदेखी रह जायँ भाग्य जो अनेक भूल कराता है, करना ही पड़ता है, कारण आप की याद का बल अन्तिम रूप में तो पास में हैं ही।)

बंगला में भी अनेक कवियों ने ग़ज़लें लिखी हैं परन्तु बंगला ग़ज़लों का प्रतिनिधि कवि काजी नजरुल इस्लाम को ही मानना चाहिए। कवि होने के साथ ही वे मुसलमान भी हैं इसलिए भारतीय मुसलमानों की परम प्रिय छन्द-शैली ग़ज़ल की ओर उनका ध्यान जाना अस्वाभाविक नहीं। शायद यही कारण है कि उन्होंने ग़ज़ल से भी आगे बढ़कर कव्वाली और अद्धा कव्वाली तक लिखी है। तीनों के एक-एक उदाहरण पर्याप्त होंगे।

ग़ज़ल

राग-भूपाली मिश्र। ताल कहरवा

आज बाद काल आसबे कि ना के जाने भाई के जाने?
भोल रे व्यथा वेदन-आतुर लाल शाराब भरपूर प्राने।

झरछे शाराब ज्योत्स्ना उजल हाँसतेछे चाँद झलमल
काल के एई चाँद खूँजबे वृथाई हारिये जाबे कोन खाने

प्रेमिक जत आमार मत मदेर रंगे हउक रंगीन
हउक दीवाना मस्त नेशाय निमेष-सुखेर सन्धाने

एमनि चोखे हेरि धराय दुःख व्यथार अन्त नाई
का' लेर कथा आज भूले जाई दुःख भोलानो मदपाने

—नजरुल गीतिका

(अरे भाई! कौन जाने आज के बाद कल आयेगा या नहीं। लाल शराब से अपने प्राणों को सराबोर कर अपनी व्यथा वेदना भूल जा। उज्ज्वल ज्योत्स्ना से मधु चू रहा है। झलमल चन्द्रमा हँस रहा है। कल यह चन्द्रमा न जाने कहाँ खो जायगा और तब इसकी सारी तलाश वृथा होगी। मेरे समान जितने प्रेमी हैं वे सभी मदिरा के रंग से रंगीन हो उठें। एक क्षण के सुख की खोज में वे मस्त नशे से दीवाने बन जायँ। आँखों से पृथ्वी को देखता हूँ तो दुख दर्द का कहीं अन्त नहीं दिखाई देता। क्यों न आज मैं दुःख को भुलवा देने वाली मदिरा पीकर आने वाले कल को भूल जाऊँ।)

कव्वाली

माधवी तले चला माधविका दल आइल सुख मधुमास
बहिछे खरतर थरथर मरमर उदास चैती बातास॥
पिक कुल कल कल अविरल भाषे
मदालस मधुप पुष्पल वासे, वेणु-वने उठिछे निशास॥
तरुण नयन सम आकाश आनील
तट तरु छाया धरे नीर निराविल, बुके बुके स्वपन विलास॥

—चोखेर चातक

(हे माधवी लता-सी तन्वी तरुणियों! माधवी कुंज में चलो। मर्मर स्वर में उदास चैती बयार थर्राते हुए प्रखर वेग से बह रही है। कोकिल गण अविरल कल कूजन करते हैं और मदालस मधुप पुष्प पूजन करते हैं। बंसवारी में निश्वास की ध्वनि गूँजती है। तरुण नयन-सा गगन नील है। तट-तरु-छाया पूरित परम निराविल नीर है। प्रत्येक कलेजे में कल्पना का विलास है।)

अद्धा कव्वाली

एकेला टूलिया टूलिया के जाय
चलिते चरण चरणे जड़ाय

एखनो भांगे नि मल्लिकार घूम
एखनो अमलिन कबरी-कुसुम

नयने निशा झरेनि शिशिर
विहग-पाखाय विहगी घुमाय

अभिसार निशि वृथाई जागि कोथा
अभिमानिनी चले मूर्तिमती व्यथा

भीरु चकित चोखे करुण कातरता
रवि ना उठे जेन बिनती जानाय॥

—गानेर माला

(अकेला लड़खड़ाते हुए कौन जा रहा है। उसके पैर परस्पर उलझ रहे हैं। अब भी मल्लिका की नींद नहीं टूटी है। अब भी चोटी में गूँथे हुए फूल मलिन नहीं हुए हैं। अभी निशा नयन से ओस की बूँदें नहीं टपकीं। विहंग के पंखों से लिपटी हुई विहंगिनी अभी सो रही है। अभिसार रजनी में वृथा ही जागरण कर अभिमानिनी मूर्तिमती व्यथा कहाँ चली? भयभीत नयनों में करुणापूर्ण कातरता जैसे बिनती कर रही है कि आज सूर्योदय न हो।)

गुजराती कलापी और बंगाली नजरुल इस्लाम की रचनाओं में भाषा का अन्तर उल्लेख है। कलापी की भाषा में फ़ारसी शब्दों की बाहुल्य है जब कि नजरुल ने संस्कृत शब्दों की मधुरता को ही अपना सम्बल बनाया है। और यतः संस्कृत शब्द दूसरी भाषा में जा कर भी माधुर्य उत्पन्न करते हैं अतः कतिपय संस्कृत कवियों ने संस्कृत में भी ग़ज़ल रचना का श्रम उठाया है। इस सिलसिले में जो सर्वाधिक पुरानी संस्कृत ग़ज़ल मेरे देखने में आई है वह श्री गोपाल उपासनी कृत वह ग़ज़ल है जो भारतेन्दु हरिश्चन्द्र द्वारा संकलित चमनिस्तान हमेशः बहार नामक हिन्दी के प्रथम ग़ज़ल-संग्रह में उद्धृत की गयी है।

सुमंजु दर्शयासु सखे सुन्दराननम्।
भ्रमाम ईश त्वदृते बीभीषि काननम्॥

अनेक भौतितस्त्वया सुरक्षिता वयम्।
अनौचितीदृशे क्षणे कृपावासननम्॥

न किं स्मरस्युपेन्द्र तन्नुनः कृते तदा।
धृतो गिरिः कृतं च वासवावमाननम्॥

त्वदीय दर्शनं बिना क्षणं युगायते।
त्वमेव नोधनं सखे, त्वमेव प्राणनम्॥

नचास्तिसुरतनाथ गोपिकात्मजो भवान्।
अजासि धर्म गोपिता यशोवितानम्।

जगद्भयापहारि नामकीर्तनं नु ते।
कृतेनईश जन्मयछूतिप्रमाणनम्॥

शरत्सुजातपंकजाभचक्षुशेक्षणात्।
स्वदासिकाःस्मनिघ्नतो न किं कृपाणनम्॥

उपासनीरिमाः स्मनः कृतार्थयाधिहन्।
कुचेषु घेहिनः पदं मनोजमाननम्॥

संस्कृत में ग़ज़लों की रचना अब भी जारी है। काशी के श्री पंचानन तर्करत्न राजस्थान के श्री मथुरानाथ भट्ट और लखनऊ के श्री शालग्राम शास्त्री की संस्कृत ग़ज़लें भी मेरी निगाह से गुजरी हैं। संस्कृत के उक्त ग़ज़ल लेखकों में श्री गोपाल उपासनी संभवतः प्रथम और श्री शालग्राम शास्त्री अन्तिम हैं। इनकी ग़ज़लों में विदित होगा कि प्रायः अस्सी बरसों के व्यवधान से ही रचना कौशल में (टेकनीक) कितना अन्तर पड़ गया है। श्री गोपाल उपासनी की ग़ज़लों में जहाँ ग़ज़लत्व स्पष्ट रीति से समुद्भासित हो रहा है, वहीं श्री शालग्राम शास्त्री की ग़ज़लें बनावट में ग़ज़ल का रूप रखती हुई भी भजन या स्त्रोत्र प्रतीत होती है। एक उदाहरण है...

रे चल चिन्तय सारमसारम्
अभिसर मा संसारमसारम्॥

विषयाशाविषविषपरिमोहित
यासि निरयमसिधारम्॥

हरिपदयुगवरशरणमुपाविश
पंजरमिदमतिसारम्॥

मराठी में श्री माधव ज्यूलिन् ने गज्जलांजली लिखी। उनकी एक ग़ज़ल का मतला यह है।

येथें स्थिरेना चारुता बांधूँ कशाला गेह मी।
हुडकीत चारु गभीरता हिंडेन भूवा नेहमी॥

(-नया साहित्य के निराला अंक में श्री प्रभाकर माचवे का लेख।)

इस प्रकार संस्कृत मराठी, गुजराती और बंगला भी जब ग़ज़लों का लोभ संवरण न कर सकीं तो पंजाबी, काश्मीरी, सिन्धी और पश्लोंका तो कहना ही क्या जिनके

ऊपर उर्दू-फ़ारसी का गहरा प्रभाव है। अतः उक्त भाषाओं में यदि ग़ज़लें प्रचुरता से विद्यमान हैं तो इसमें अचरज की कोई बात नहीं।

जैसा कि हम पहले ही निवेदन कर चुके हैं उर्दू कोई पृथक् भाषा नहीं है। वह हिन्दी की ही एक शैली है, उसका अंग है। इसलिए उसमें ग़ज़लों का प्रयत्न स्वभाविक ही कहा जायगा और तथ्य भी यही है कि हिन्दी में ग़ज़लें उर्दू से पहले लिखी गयीं। इसका सीधा कारण यह था कि जब फ़ारसी ग़ज़लों के अनुकरण पर भारतीय मुसलमानों ने ग़ज़ल लिखना आरम्भ किया उस समय उर्दू शैली का विकास तो क्या जन्म भी नहीं हुआ था। अमीर खुसरो की निम्नांकित ग़ज़ल हिन्दी-फ़ारसी का सम्मिश्रण है, उर्दू फ़ारसी का नहीं—

जे हाले मिसकीं मकुन तगाफुल दुराय नैना बनाय बतियाँ।
कि ताबे हिजरां न दारम ऐ जां न लेहु काहे लगाय छतियाँ।।

शबाने हिजरां दराज चूं जुल्फ बरोजे वसलत चू उम्र कोताह।
सखी पिया को जो मैं न देखूँ तो कैसे काटूँ अंधेरी रतियाँ

यकायक अज़दिल दो चश्मे चादू बसद फरेबम बबुर्द तसकीं
किसे पड़ी है जो जा सुना दे पियारे भी को हमारी बतियाँ।।

चूं शमअ सोजां चूं जर्रा हैरां ज़कहरे आ मह बगुश्तम आखिर।
ना नींद नैना न अंग चेना न आप आवे न भेजे पतियाँ।।

बहक्के रोजे विसाल दिलवर की दाद मारा फरेव खुसरो।
समीप मन के दुराय राखूँ जो जाय पाऊँ पिया के खतियाँ।

उक्त ग़ज़लमें केवल एक बातकी ओर ध्यान दिलाना आवश्यक है कि अमीर खुसरो के समयमें ही विदेशी शब्दों का हिन्दी-करण आरम्भ हो गया था जिसका प्रमाण 'ख़तियां' शब्द है। ख़त अरबी भाषा का शब्द है जिसका अर्थ पत्र होता। वही अरबी ख़त ख़तियांके रूपमें हिन्दी बनाया गया है। परन्तु यह क्रम आगे न चल न सका और हिन्दी तथा उर्दू में ग़ज़लों का विकास अलग अलग हुआ।[1]

1. खुसरो के इस हिन्दी-हिन्दवी संगम पर उसके बाद कबीर, जायसी, रहीम, रसखान वगैरह सैकड़ों कवियों ने शंख भी बजाया और अजान भी दी परन्तु यह धारा अविच्छिन्न न बहने पाई और तास्सुबका बाँध बाँधकर 1700 ई० के बाद उसमें से एक अलग नहर निकाली गयी जो पहले रेख़्ता और बाद में 19वीं सदी में उर्दू कहलायी। अब खड़ी बोली नागरी की दो धाराएँ बहने लगीं। अरबी-फ़ारसी मिश्रित भाषा उर्दू और संस्कृतनिष्ठ भाषा हिन्दी कहलाने लगी।

—शेरो सखुन (अयोध्याप्रसाद गोयलीय)

अमीर खुसरों के बाद सन्त कबीर की रचनाओं में हमें रेख़्ता नामक छन्द मिलता है। वस्तुतः रेख़्ता उस भाषा का नाम था जो मुसलमानों के भारत में आने के बाद हिन्दी और अरबी, फ़ारसी, तुर्की आदि इस्लाम-धर्म प्रधान भाषाओं के शब्दों के सम्मिश्रण से बनी थी। स्वाभाविक ही था कि अरबी और फ़ारसी को अत्यन्त पोख़्ता-पुष्ट भाषा मानने वाले ऐसी मिली-जुली भाषा को, जो उस समय अत्यन्त अविकसित अवस्था में थी, रेख़्ता-कच्ची, गिरी पड़ी-मानते और जानते रहे हों। यह तो उस गिरी पड़ी बोली का कमाल था कि वह धूल झाड़कर उठ खड़ी हुई और कुछ ऐसी दौड़ लगाई कि देश भर में व्याप्त हो गयी। अतः अपने जन्म काल में यही बोली, जनता के दैनिक व्यवहार का माध्यम थी, अतः कबीर जैसे सन्त के लिए यह आवश्यक था कि वे उस बोली का भी प्रयोग करें और चूँकि उस बोली में अमीर खुसरो ग़ज़ल लिख चुके थे, इसलिए कबीर ने भी उस बोली में ग़ज़ल गाना ही उचित समझा और यों ग़ज़ल गाई कि—

हमन है इश्क मस्ताना हमन को होशियारी क्या?
रहें आजाद या जगमें हमन दुनियां से यारी क्या?

जो बिछुड़े हैं पियारे से भटकते दर बदर फिरते
हमारा यार है हममें हमन को इन्तजारी क्या?

खलक सब नाम अपने को बहुत कर सिर पटकता है।
हमन गुरु नाम सांचा है दमन दुनियां से यारी क्या?

न पल बिछुड़े पिया हमसे न हम बिछुड़े पियारे से।
उन्हीं से नेह लागी है हमन को बेकरारी क्या?

'कबीरा' हश्क का माता दुई को दूर कर दिल से।
जो चलना राह नाजुक है हमन सिर बोझ भारी क्या?

कबीर की अमीर खुसरो से ली हुई यह परम्परा हिन्दी में चलती रही, यद्यपि हमें आगे चल कर ऐसी रचनाएँ होने का पता नहीं चलता तथापि जहाँगीर के समकालिक फ़ारसी के शायर प्यारेलाल 'शौकी' की ग़ज़ल इस बात का प्रमाण है कि लोग इस नवीन भाषा में ग़ज़ल लिखते थे जो या तो नष्ट हो गयी या प्रसिद्धि न प्राप्त कर सकी। शौकी की ग़ज़ल यह है जिसकी भाषा विकास के पथ पर चलती रहने के कारण कबीर की भाषा से अधिक पुष्ट है—

जिन प्रेम रस चाखा नहीं अमृत पिया तो क्या हुआ?
जिन इश्क में सर ना दिया सो जग जिया तो क्या हुआ?

तावीज औ तूमार में सारी उमर जाया किती
सीखे मगर हीले घने मुल्ला हुआ तो क्या हुआ?

जोगी व जंगम सेवड़ा रँग लाल कपड़े पहन के
वाकिफ नहीं इस हाल से कपड़ा रंगा तो क्या हुआ?

जिउ में नहीं पी का दरद बैठा मशायख होय कर,
मन का रहट फिरता नहीं सुमिरन किया तो क्या हुआ?

जब इश्क के दरियाब में होता नहीं गरकाब तैं।
गंगा बनारस द्वारका पनघट फिरा तो क्या हुआ?

मारग जगत का छोड़कर दिल तन से तैं खिलवत पकड़।
'शौकी' पियारेलाल बिन सबसे मिला तो क्या हुआ?

और इसके बाद दक्षिण में इसी प्रकार की ग़ज़लें लिखी जाने लगीं जिनकी भाषा उत्तर भारत में आकर सर्वथा अहिन्दी हो उठी, यद्यपि सौदा के समय तक कभी-कभी ग़ज़लों में इस प्रकार की भाषा दिखाई पड़ जाती थी—

सावन के बादलों की तरह से भरे हुए
ये वो नयन हैं जिनसे कि जंगल हरे हुए

—सौदा

यहीं से हिन्दी और उर्दू दो पृथक् भाषा में हो गयीं और ग़ज़ल अकेले उर्दू की सम्पत्ति बन गयी। यदि हिन्दी वाले ग़ज़ल की गली में गये भी तो भेस बदल कर। भारतेन्दु हरिश्चन्द्र के पिता गिरिधर दास की एक ग़ज़ल के कुछ शे'र देखिये—

हम भी उस बेपीर के आशिक हैं कहलाने लगे।
आह हम मजनूं शुमारी में गिने जाने लगे॥

हो गया मुझसे खफ़ा वह यार अब आता नहीं।
जब से सब बेपीर आकर उसको बहकाने लगे।

'दास' गिरिधर तुम फ़क़त हिन्दी पढ़े थे खुब सी।
किस लिए उरदू के शायर में गिने जाने लगे?

चूँकि श्री गिरधरदास 'खूब सी हिन्दी पढ़े थे' इसलिए उन्होंने केवल भाषा बदल दी, अपना उपनाम ज्यों का त्यों रहने दिया। उनका असली नाम तो बाबू गोपाल चन्द्र

था। मगर भारतेन्दु ने तो इस कूचे की सैर करने के लिए अपना नाम भी बदला और हरिश्चन्द्र की जगह 'रसा' बन बैठे। उन्होंने कृष्ण-स्तुति भी की तो ऐसी भाषा में—

जहाँ देखो वहाँ मौजूद मेरा कृष्ण प्यारा है।
उसी का है सब है जलवा जो जहाँ पर आशकारा है॥

तेरा दम भरते हैं हिन्दू अगर नाक़ूस बजता है।
तुझे ही शेख ने प्यारे अजां देकर पुकारा है।

गुनह बख़्शी रसाई दो 'रसा' को अपने क़दमों तक॥
बुरा है या भला है जैसा है प्यारे तुम्हारा है।

यही वह समय था जब कि महर्षि दयानन्द आर्य समाज का प्रचार कर रहे थे। धीरे-धीरे पंजाब आर्य समाज का गढ़ बन गया और वहाँ उर्दू के प्रभाव के कारण आर्य समाज के जलसों में ग़ज़लें पढ़ी जाने लगीं और भजनीक झूम-झूम कर गाने लगे—

देखो तो स्वामी कैसा उपकार कर गया है।

उक्त प्रवृत्ति जब सीमातीत होने लगी तो उसका मज़ाक भी इन शब्दों में उड़ाया जाने लगा...

उन्हें शौंक इबादत भी है औ गानेकी आदत भी।
निकलती है ऋचाएँ उनके मुँह से ठुमरियाँ बन कर॥

अब बीसवीं शताब्दी आई और उसके द्वितीय दशक के आरम्भ में ही पारसी रंगमंच पर हिन्दी का आभास देने वाले रामायण और महाभारत जैसे नाटक खेले जाने लगे। पंडित नारायण प्रसाद 'बेताब' उक्त नाटकों के रचयिता थे और उन्होंने अपने नाटकों में हिन्दी ग़ज़ल भी लिखीं। 'बहुत हैरान हूँ भगवान तुम्हें कैसे रिझाऊँ मैं' वाली एक समय अत्यन्त प्रसिद्ध ग़ज़ल उन्हीं के महाभारत नाटक की है।

इसी समय श्री जयशंकर 'प्रसाद' ने ग़ज़ल लिखना आरम्भ किया। अपनी 'इन्दु' पत्रिका में उन्होंने यह ग़ज़ल लिखी—

भूल

सरासर भूल करते हैं उन्हें जो प्यार करते हैं।
बुराई कर रहे हैं और अस्वीकार करते हैं॥

उन्हें अवकाश ही इतना कहाँ है मुझ से मिलने का।
किसी से पूछ लेते हैं यही उपकार करते हैं॥

जो ऊँचे चढ़के चलते हैं वो नीचे देखते हरदम।
प्रफुल्लित वृक्ष ही यह भूमि कुसुमागार करते हैं।।

न इतना फूलिये तरुवर सुफल कोरी कली लेकर।
बिना मकरन्द के मधुकर नहीं गुंजार करते हैं।।

'प्रसाद' उसको न भूलो तुम तुम्हारा जो कि प्रेमी हो।
न सज्जन छोड़ते उसको जिसे स्वीकार करते हैं।।

(इन्दु कला-4 खंड-1 किरण-5 पृ0 498)

उक्त ग़ज़ल से इतनी बात और प्रकट हुई कि लोगों का यह ख़्याल ग़लत है कि 'प्रसाद' जी ने कोई उपनाम नहीं रखा था बल्कि लोग उन्हें प्रसाद जी कह कर सम्बोधन करते थे अतः वही उनका उपनाम बन गया।

'प्रसाद' जी की ही एक दूसरी ग़ज़ल बहरे तवील में देखिये—

अरुण अभ्युदय से हो मुदित मगन प्रशान्त सरसी में खिल रहा है।
प्रथम पत्र का प्रसार करके सरोज अलि गण से मिल रहा है।।

तुम्हारा विकसित वदन बताता हँसे मित्र को निरख के कैसे।
हृदय निष्कपट का भाव सुन्दर वदन पै तेरे उछल रहा है।।

तुम्हारे केसर से हो सुगन्धित परागमय ही रहे मधुव्रत।
'प्रसाद' विश्वेश का हो तुम पर यही हृदय से निकल रहा है।।

इसी समय हिन्दी के सुप्रसिद्ध टीकाकार लाला भगवानदीन 'दीन' भी ग़ज़लें लिख रहे थे। एक ही उदाहरण पर्याप्त होगा—

''तुमने पैरों में लगाई मेंहदी।
मेरी आँखों में समाई मेंहदी।।

है हरी ऊपर मगर अन्तस् है लाल।
है य' जादू की जगाई मेंहदी।।

कुल से छूटी कूट कर पीसी गयी।
तब तेरे पद छूने पाई मेंहदी।।

पैर पड़-पड़कर पकड़ लेती है कर।
छल में वामन से सवाई मेंहदी।।

चूनरी से है सवाई मेंहदी।
'दीन' को इस हेतु भाई मेंहदी॥"

दीन जी की उक्त ग़ज़ल बड़ी लम्बी और अत्यन्त प्रवाहहीन है मगर 'जांबर' नहीं होते जिन्हें डंस लेते हैं काले, अल्लाह कभी पेच में जुल्फ़ों के न डाले के वजन पर लिखी गयी उनकी यह ग़ज़ल बड़ी प्यारी है—

बुलबुल जो पड़ी एक बधिक व्याध के पाले,
निज हाल सुनाने को मधुर बैन निकाले।

हे व्याध! मेरा हाल जरा गौर से सुन ले,
ले जा के करेगा तू मुझे किसके हवाले?

बेचा तो टके चार फ़क़त तुम को मिलेंगे,
खाया तो हूँ पद पंख सहित तीन निवाले।

श्री कृष्णदेवप्रसाद गौड़ 'बेढब' बनारसी लाला भगवानदीन के प्रमुख शिष्यों में हैं और उन्होंने अपनी साहित्य-साधना के आरंभिक दिनों में बहुत सी ग़ज़लें लिखीं परन्तु उनकी भाषा हिन्दी की अपेक्षा उर्दू अधिक थी। उसमें कभी-कभी अंग्रेजी का भी मेल हो जाता था, जैसे—

बत्तियाँ बिजली की सड़कों पर बनारस के लगीं
रात में 'वाकिंग' का वो पिछला मज़ा जाता रहा

'प्रेसक्रिप्शन' डॉक्टर ने जो लिखे बेकार थे
उनका ख़त सीने पै रक्खा दर्द सब जाता रहा॥

उर्दू के कुछ ठेठ ग़ज़लगो शायरों ने भी हिन्दी-ग़ज़ल में तबा आजमाई की है जैसे सैयद अनवर हुसैन 'आरजू' लखनवी ने हिन्दी में ग़ज़लें लिखीं जिनका संग्रह नागरी अक्षरों में 'सुरीली बाँसुरी' नाम से प्रकाशित हुआ है। उनकी एक हिन्दी ग़ज़ल सुनिये—

सोच यह किसलिए कि क्या होगा,
जो बदा होगा सो अदा होगा।

अच्छी खेती का अच्छा ही फल है,
कर भलाई तेरा भला होगा।

देख कर हमको छिप गये थे क्यों,
पूछ लेंगे जो सामना होगा।

भेद वह मेरे जी का क्या जाने,
तरसी आँखों ने कह दिया होगा।

खा के चर के हँसो यह बात है और,
'आरज़ू' जी ही जानता होगा।।

हिन्दी ग़ज़लों के क्षेत्र में सर्वाधिक काम किया, निराली प्रतिभा के धनी 'निराला' जी ने। उनकी ग़ज़लों का एक संग्रह 'बेला' नाम से प्रकाशित हुआ है। परन्तु श्री प्रभाकर माचवे के इस कथन से सहमत होना ही पड़ेगा कि 'वह सभी जगह सफल नहीं है।' उसमें उर्दू की तर्ज़ अदा है जो अच्छी बात है परन्तु फ़ारसी शब्दों की अधिकता अवश्य खटकती है।

हिन्दी में ग़ज़लें क्यों?

इस समय हिन्दी में ग़ज़लें प्रचुरता से लिखीं जा रहीं हैं। यों तो ग़ज़ल के टुकड़े प्रायः सभी आधुनिक हिन्दी कवियों की रचनाओं में मिल जाते हैं, जैसे—

जब जब पीड़ा मन में उमगी,
तुमने मेरा स्वर छीन लिया।

मेरी निश्शब्द विवशता में,
झरता आँसू कन बीन लिया।

प्रतिभा दी थी जीवन प्रसून से,
सौरभ संचय करने की।

क्यों सार निवेदन का मेरे,
कहने से पहले चीन्ह लिया।

या

हवा हिमन्ती सन्नाती है भीड़ में,
सहमे पंछी चिहुँक उठे हैं नीड़ में।

...इल्यलम् (अज्ञेय)

हे रुद्र उठो तुम जाग्रत हो ईशान अशेष विषाण बजे।
गरजे आह्वान तुम्हारा सुन फिर विप्लव का यौवन गरजे।।

...आरसी (आरसीप्रसाद सिंह)

जमा है मोरचा उनसे उन्हीं से आज लड़ना है,
पराजित कर उन्हें इन्सान की किस्मत बदलना है।

...लाल चूनर (अंचल)

तुम उषा की लालिमा हो मैं निशा का दोष हूँ।
स्वाति-कण मोती बना जिसमें कि वह मैं सीप हूँ।।

—सवेरा और साया (अरुण)

परन्तु अब पूरी और सही तौर पर भी ग़ज़लें लिखीं जा रही हैं। इस सम्बन्ध में हिन्दी और उर्दू कविता के विकास का अध्ययन मनोरंजक होगा। हम जानते हैं कि जिस समय हिन्दी में कवित्त-सवैया की धूम थी उस समय उर्दू में ग़ज़लें-कोरी ग़ज़लें लिखी जा रही थीं। भारतेन्दु हरिश्चन्द्र ने भाषा और शैली दोनों में परिवर्तन किया और हिन्दी में इतिवृत्तात्मक कविता का, जिसे उर्दू में नज़्म कहते हैं, प्रचलन बढ़ा। उसी समय मौलाना हाली के प्रयत्न से उर्दू कविता भी नज़्म की ओर झुकी और उर्दू में नज़्मों की बाढ़-सी आ गयी। परन्तु हिन्दी में इतिवृत्तात्मक शैली की प्रतिक्रिया गीतों के रूप में प्रकट हुई। प्रायः सन् 1920 से लेकर अब तक हिन्दी में प्रगीत ही लिखे जाते रहे हैं। परन्तु इन गीतों की जीवन-शक्ति बहुत अल्प थी। अतः इसे गत 26 बरसों में दो बार इंजेक्शन लेना पड़ा। पहिली बार सन् तीस के आस-पास प्रगतिवाद का और उसके भी दस बरस बाद प्रयोगवाद का। फिर भी उसकी कमर सीधी नहीं हो पाई और गत छह बरसों से उसे लोक-गीतों की गोली खाकर प्राण बचाने पड़ रहे हैं।

उधर उर्दू में नज़्मों की प्रतिक्रिया गीतों के रूपमें उस समय प्रकट हुई जब हिन्दी में गीत मुमूर्षु हो चले थे। अब स्थिति यह है कि उर्दू में गीतों की धूम है और हिन्दी के कवि अपनी प्रतिभा-प्रकाशन का मार्ग ग़ज़लों में खोज रहे हैं। यद्यपि जैसा कि उल्लेख किया जा चुका है हिन्दी और कोई-कोई उर्दू कवि भी बराबर हिन्दी ग़ज़ल-रचना करते रहे हैं जिनकी सूची में खुसरों, कबीर, शौकी से लेकर नजीर अकबराबादी, किशोरीलाल गोस्वामी, प्रतापनारायण मिश्र, आचार्य सीताराम चतुर्वेदी, विह्वल लखनबी, बेधड़क बनारसी आदि के नाम उल्लेख्य हैं। किन्तु इस समय हिन्दी कवियों का झुकाव ग़ज़लों की ओर अधिक है परन्तु उनके सामने कठिनाई यह है कि उर्दू में तो उच्चारण के अनुसार ह्रस्व वर्ण दीर्घ और दीर्घ वर्ण ह्रस्व पढ़ लिये जाते हैं मगर हिन्दी में ऐसा नहीं हो पाता। परन्तु हिन्दी में भी उच्चारण की शुद्धता बनाये रखकर भी ग़ज़लें लिखी जा सकती हैं। यह कार्य केवल अभ्यास-साध्य है। प्रस्तुत संग्रह में हमने दोनों प्रकार की ग़ज़लें दी हैं—उर्दू उच्चारण के अनुसार भी और हिन्दी उच्चारण की शुद्धता रख कर भी।

भाव की दृष्टि से हिन्दी कविता अपनी पूरी ऊँचाई तक पहुँच चुकी है मगर भाषा का परिष्कार करने का समय अब आ गया है। अतः उर्दू ग़ज़लों में भाषा का परिष्कार बहुत हुआ है इसलिए हिन्दी को भी यदि ग़ज़लों के माध्यम से परिष्कृत किया जाय तो शायद अनुचित न होगा। इसके लिए हिन्दी में उर्दू का तर्जे बयान, थोड़े में अधिक कहने और प्रभावशाली ढंग से कहने की शक्ति प्रकट करनी पड़ेगी और हिन्दी की संभावनाएँ अपने पूर्ण रूप में दिखाई देंगी।

मैंने अपनी ग़ज़लों में शमा-परवाना और गुलोंबुलबुल का पिष्टपेषण नहीं किया और न तो कविता-कुंज को कसाईखाना बनाया है। ऐसा यदि कहीं किया भी है तो वहीं जहाँ कोई नयी बात कहना अभीष्ट रहा है। प्रयत्न यही किया है कि इसमें उतने ही संस्कृत शब्द लाये जायँ जितने उर्दू में फ़ारसी और अरबी के शब्द रहते हैं। शेष भाषा बोलचाल की हिन्दी ही है। साथ ही नज़्म शैली पर भी रचना की गयी है।

पुस्तक का नामकरण मेरे अनुज-कल्प श्री माधवप्रसाद मिश्र ने किया है जो इस दृष्टि से उचित ही है कि यह मेरी मानस-सन्तान है और सन्तान होने पर प्रायः उसका नामकरण पितृव्य ही किया करते हैं। श्री इन्दुकान्त शुक्ल ने भाषा के सम्बन्ध में मुझे अमूल्य परामर्श दिये हैं, अतः उन्हें धन्यवाद।

इसी प्रकार इस पुस्तक की रचना में अन्य मित्रों से भी सत्प्रेरणा मिली है जिनमें 'सन्मार्ग' के व्यवस्थापक श्री रामनारायण, सुधाकर पाण्डेय और गिरिजाशंकर पाण्डेय के नाम उल्लेख्य हैं। इन मित्रों को भी धन्यवाद।

अन्त में निवेदन यह है कि एक दीपक की लौ से दूसरा दीपक आग पकड़ता रहता है। यही स्थिति यहाँ भी है। उर्दू की ग़ज़लें इस दिशा में मेरा पथ प्रदर्शन करती रही हैं। उसकी इस कृपा का बदला मैंने फ़ारसी के गुल को कमल बनाने का प्रयत्न करके दिया है और कहा है कि—

न छल कर रहा हूँ न बल कर रहा हूँ।
न तो सत्य को ही बगल कर रहा हूँ॥
चहक से महक से भरे 'रुद्र' गुल को।
तनिक गुनगुनाकर कमल कर रहा हूँ॥

—रुद्र काशिकेय

1

कह रहा मैं हरेक रग बीती,
आप-बीती कहो कि जग बीती।

बालपन खिलखिला निकल भागा,
नौजवानी बहुत उमंग बीती।

भग्न युग पंख जब कि आँधी में,
बोल, दिल पर कि क्या विहग बीती।

शुद्ध शिशु, फिर तरुण, युवा, फिर वृद्ध,
आयु भरते कि चार डग बीती।

धर्मशाले निवास कर आधी,
उम्र आधी विभिन्न मग बीती।

रात आधी कटी रुदन में जो,
शेष आधी सचिन्त जग बीती।

साँझ बीती सदा ठगाने में,
भोर निज को सदैव ठग बीती।

कुछ भुजग ही नचा रहे जग में,
और कुछ की चढ़े तुरग बीती।

'रुद्र' बीती बड़े मज़े में वह,
जो कि मीठी कड़ी सुलग बीती।

2

तुम्हारा मुझे प्राप्त जो प्यार होता,
नया नित्य फिर एक संसार होता।

तुम्हारा धरा धीर साधार होती,
गगन भी न मेरा निराधार होता।

अगर हम न होते, हृदय भी न होता,
हृदय जो न होता, न भव-भार होता।

मधुर सृष्टि साकार होती कहाँ से,
अगर सृष्टिकर्ता निराकार होता।

मनुज का मनुज जो न आहार होता,
कभी विश्व का यों न संहार होता।

कहीं इष्ट होता जलन सृष्टि को तो,
हृदय की जगह एक अंगार होता।

सदय दृष्टि वह जो न धर खींच लेती,
कभी 'रुद्र' का तो न उद्धार होता।

3

तूलिका ले सोचता हूँ चित्र-पट पर क्या बनाऊँ,
रूप भी है, रंग भी है, पर कहाँ से प्राण लाऊँ?

तारिका-माला लिए, नभ इन्दु-बाला झाँकती है,
और मैं वामन भला वरमाल वह किस भाँति पाऊँ?

दूर कानन में कहीं अब मधु-मुखर मुरली हुई है,
किन्तु वाणी मौन मेरी, स्वर भला क्यों कर मिलाऊँ?

विन्दु होकर सिन्धु बनने का चढ़ा है चाव यदि, तो,
एक ही है मार्ग ले अस्तित्व सागर में समाऊँ!

क्षीण भी, तदुपरि क्षणिक भी, दिव्य वह आलोक होगा,
किन्तु कालिख जम रहेगी, दीप बन लौ क्यों लगाऊँ?

है यदपि आशा नहीं कुछ, किन्तु अभिलाषा प्रबल है,
कब मिले सहृदय कहीं कोई हृदय जिसको दिखाऊँ?

हूँ स्वयं व्याकुल, करूँ बेचैन क्यों फिर अन्य को भी,
'रुद्र' अच्छा क्या न अपनी भावना में मैं समाऊँ?

4

ज़िन्दगी व्यर्थ ही व्यतीत हुई,
यदि किसी से कभी न प्रीत हुई।

जब कि बिछुड़े, बिछुड़ गये ऐसे,
स्वप्न में भी न बातचीत हुई।

प्रीत में जीत हार होता है,
हार इसमें सदैव जीत हुई।

मूर्ति जो भी पिघल गई मुझ पर,
प्राण-प्रतिमा वही प्रतीत हुई।

हँस पड़ें लोग और हम रो दें,
वह घड़ी सर्वथा अतीत हुई।

कुछ व्यथा की करुण कथा लेकर,
प्राण की पुस्तिका प्रणीत हुई।

देख कर 'रुद्र' सत्य सुन्दरता,
वृत्ति किसकी न कब विनीत हुई?

5

भटकती निशा में खटकती दिशाएँ,
पथिक पर बराबर चढ़ा जा रहा है।

खड़े दाहिने सिंह भी, ब्याल बायें,
पथिक पर बराबर बढ़ा जा रहा है।

छिदा कंटकों से चुने फूल फिर भी,
उठा क्या न फिर फिर फिसल और गिर भी।

चतुर्दिक सजीं चार जलती चिताएँ,
पथिक पर बराबर बढ़ा जा रहा है।

पड़ी हूँ बनी पथ कि प्रिय-रथ तनिक श्लथ,
रहे और इति से मिले प्रेम का अथ।

नई भी, कई भी खड़ी है बलाएँ,
पथिक पर बराबर बढ़ा जा रहा है।

दिये स्नेह के साथ सन्देश कितने,
सहे भाव से चाव से क्लेश कितने।

सुनायीं बहुत-सी व्यथा की कथाएँ,
पथिक पर बराबर बढ़ा जा रहा है।

वसन्ती विभाने चरण थाम रोका,
खिलाकर नये गुल कि हर ठाम रोका।

रहीं कूक भर हूक भी कोकिलाएँ,
पथिक पर बराबर बढ़ा जा रहा है।

गगन चढ़ कभी दे रहा मेघ धमकी,
उधर टूट बिजली परस भूमि चमकी।

दिखा कर जगत को निराली अदाएँ,
पथिक पर बराबर बढ़ा जा रहा है।

कभी लोक-परलोक ने राह रोकी,
कभी हर्ष ने, शोक ने राह रोकी।

मिले 'रुद्र'-गण भी, मिलीं अप्सराएँ,
पथिक पर बराबर बढ़ा जा रहा है।

6

पाता प्रभाव राग चढ़े जब कि ठाट पर,
पा भी तरंग हाय रहा मन उचाट पर।

पाया कभी पकड़ न लघुत्तम लहर तलक,
बैठा रहा सदैव बढ़ा हाथ घाट पर।

अस्पष्ट हृदय मध्य खुदे चिह्न शोक के,
जैसे अशोक के कि लिखे लेख लाट पर।

वे ही दिलेर जो कि विकट पथ पकड़ चलें,
यों क्षुद्र कीट क्या न फिसलते सपाट पर।

है छोह कहीं, मोद कहीं, द्रोह कहीं है,
बटपार रहे बैठ यहाँ बाट बाट पर।

पट आयु का कुचैल भरा मैल कपट का,
धुलता रहा सदैव महा मृत्यु-घाट पर।

पद-पद्म पकड़ शीस रगड़ 'रुद्र' मिटा दो,
दुर्भाग्य-रेखा जो कि खिंचा है ललाट पर।

7

दिल-दान सदा क्यों न कहें घोर पाप है,
तहमें असीम ताप, सतह पर विलाप है।

जब भी भरी कराह, भरे नेत्र, मन भरा,
जल भाप बना या कि हुआ, नीर भाप है।

हैं हिंस्र ये नगर कि इन्हें छोड़ वन चलो,
सब का यही अलाप कि मेरा प्रलाप है।

परिताप से प्रमुक्ति कभी प्राप्त ही नहीं,
जीवन स्वयं कठोर प्रबल घोर शाप है।

जब-जब कि दीप जोड़ जलाये हुलास से,
ठंडा हुआ हरेक, पवन का प्रताप है।

सुख का समय सदैव स-सीमित रहा, मगर,
दुख का हरेक किन्तु रहा क्षण अमाप है।

हो शक्ति, किन्तु तोड़ सको शक्ति वह कहाँ?
मन मोद-मृदुल किन्तु कठिन 'रुद्र-'चाप है।

8

सब पराये न कौन अपना है,
चार दिन के लिए कलपना है।

झूठ भी सच समान ही दीखा,
ज़िन्दगी जोरदार सपना है।

है सुखद छाँह दिव्य तारों की,
सूर्य के सामने तड़पना है।

क्यों अभी से विकल हुई जगती,
जब प्रलय तक सदैव तपना है।

खाप खाये कि मन न खा पाये,
साथ जग के स-मोद खपना है।

यश भले हो न, हर कटुक अपयश,
पुस्तकाकार किन्तु छपना है।

दूर रवि-शशि कि उग्र तारा का,
अब हमें 'रुद्र' मंत्र जपना है।

9

मन-वन समान शान, बुरी भी न भली भी,
मिलती कहीं न बेकली, खिलती न कली भी।

हो अश्रु-गलित और ज्वलित आग दिली से,
काया कठिन कुकाठ, गली भी न जली भी।

यह बात विकट, शान्त, मधुर सुर-भरी लगी,
कटु काथ सदृश और सुधासार डली भी।

क्या खूब नयन-नीर! कि पाषाण गलाया,
अबला इसे कहें कि कला दिव्य बली भी।

प्रिय प्रात सदृश नित्य दिवालोकवलित हैं,
सखि! सांध्य-प्रभा मैं कि न उजली न जली भी।

यह चाव फँसे, खुद कि यही भाव फँसा लें,
तुम हो विचित्र चित्र कि मछली कि छली भी।

हे 'रुद्र' महज्जन न वहाँ व्यर्थ खड़े हैं,
कम राज-भवन से न रही शून्य गली भी।

10

जब तड़प बोला पपीहा पी कहाँ,
उड़ गया जाने न कैसे जी कहाँ।

जान दी जिनपर रहे अनजान वे,
यह न पूछा जान तूने दी कहाँ।

नित निपीड़ित विश्व के बाज़ार में,
दाम दे किसने व्यथा है ली कहाँ।

पिक पिहकता है, चिहुँकता चित्त भी,
यह करुण ध्वनि आज किसने की कहाँ।

जब विमुख प्रिय ही कहाँ तब सुख कहो,
दूध ही है जब नहीं, तब घी कहाँ।

साँस के ही साथ साँसत सन रही,
है दवा इस रोग की कुछ भी कहाँ।

जग भुजग बन डस रहा ही है मगर,
'रुद्र'- मुख यदि तब वहाँ पर 'सी' कहाँ।

11

आन पर शान सना जो कि अड़ा रहता है,
बन वही नित्य कि चख-शूल गड़ा रहता है।

मेघ-माला न कहीं फिर बरसा हरा कर दे,
ठूँठ तरु पास लिए आस खड़ा रहता है।

किस घड़ी पुण्य पियाली कि न खाली रहती,
पाप का कब न मरा खूब घड़ा रहता है।

डगर-डगर कि अगर है अरण्य में विष-भय,
डर नगर मध्य विषम नित्य बड़ा रहता है।

जो प्रवहमान बही नित्य रहा है निर्मल,
जाह्नवी-नीर तलक बद्ध सड़ा रहता है।

रुपये ज्यों कि जड़े विश्वनाथ-मंदिर में,
रूप उस भाँति हृदय मध्य जड़ा रहता है।

हार बन 'रुद्र' किसी के न गले है लगता,
खार भी बन न कभी पैर पड़ा रहता है।

12

मिलन का पुनः क्या न अवसर मिलेगा,
अरे क्या नयन अब सदा तर मिलेगा?

चली जो घड़ी दो घड़ी और आँधी,
न छानी मिलेगी, न छप्पर मिलेगा।

निकल जायगा छोड़कर प्राण जब तन,
न भीतर मिलेगा, न बाहर मिलेगा।

मिलेगी अगर शक्ति खाँड़ा उठाये,
भरे रक्त से भक्त खप्पर मिलेगा।

मिला ठाँव जिसको न प्रिय के हृदय में,
कहीं चैन उसको न छन भर मिलेगा।

भले ही रहे प्राण रोता हमारा,
मगर जब मिलेगा बिहँसकर मिलेगा।

रुधिर 'रुद्र' आँसू बना मत बहा दो,
इसी में किसी को महावर मिलेगा।

13

घन खुले तो गगन धुला देखा,
भाग्य अपना न पर खुला देखा।

आह चिन्ता न एक छन सोई,
खूब सौ-सौ तरह सुला देखा।

त्राण कैसे? कि प्राण लेने पर,
रूप, रस, रंग को तुला देखा।

नष्ट यौवन सदा मिला उसका,
चित्त जिसका कि चुलबुला देखा।

है अचल शील की शिला उनकी,
नित्य उसको हिला डुला देखा।

रूप वह भूलता नहीं भोला,
ध्यान अपना तलक भुला देखा।

रंग-रस 'रुद्र' कुछ न खुल पाया,
प्राण को पान-सा घुला देखा।

14

कठिन सूत्र मैं, तुम सरस कारिका हो,
गगन मैं, तुम्हीं दिव्यतम तारिका हो।

इधर नित्य तन-मन धुआँ हो रहा है,
उधर तुम सदा तप्त अंगारिका हो।

जगत से विरागी कि शुक देव मैं हूँ,
तुम्हीं सारिका, घोर संसारिका हो।

मलिन भ्रान्ति से व्यस्त नक्षत्र मैं तो,
तुम्हीं कान्ति से पूर्ण नीहारिका हो।

नयन-नीर में चित की वृत्ति डूबी,
जलधि में निमग्ना यथा द्वारिका हो।

कहीं भी न सुकुमार मन में किसी के,
निवासिनि कभी तो न सुकुमारिका हो।

अगर 'रुद्र' संसार संहार-कर्ता,
तुम्हीं रुद्र की सृष्टि संहारिका हो।

15

मन महा मस्त हो रहा है,
ज्ञान अति त्रस्त हो रहा है।

रूप जगमग सजल सितारा बन,
नैन में व्यस्त हो रहा है।

साँस की जोरदार आँधी में,
प्राण-खग पस्त हो रहा है।

ईंट बन कर दिवस खिसकते हैं,
तन-भवन ध्वस्त हो रहा है।

थक गये पैर, आह मंजिल दूर,
और रवि अस्त हो रहा है।

वस्तु बाहर बहुत पहुँचके है,
लोभ तक लस्त हो रहा है।

'क्षुद्र जीवन इसे बचाने में,
'रुद्र' क्यों व्यस्त हो रहा है।'

16

दिन गये सारे पतन-उत्थान में,
रात बीती मान में, अभिमान में।

आँख भर आई, उभर पीड़ा गयी,
जब तरल कुछ शब्द आये कान में।

वेदना पलती हृदय में इस तरह,
जिस तरह हीरा पड़ा हो खान में।

जो बनाये दीन हमको रात दिन,
जाय लग बस आग ऐसे दान में।

मैं तुरत ही खिल गया तुमने कभी,
कुछ कहा जब जान या अनजान में।

रात वह प्रिय की सुरति में जो कटे,
दिन वही बीते कि जो प्रिय-ध्यान में।

जान जाने का समय जब आ गया,
जान लो तब जान आई जान में।

हम हृदय के हैं धनी, पीछे रहें–
क्यों किसी से ज्ञान के अभियान में?

चित्र लाया मित्र का टेलीविजन,
है कला भी कुछ कहीं विज्ञान में।

'रुद्र' भैरव राग ही सुनता रहा,
जग प्रातः भैरवी की तान में।

17

पाया सुबन्धु! कष्ट कड़ा आज रात भर,
मुँह तक रहा कि प्राण अड़ा आज रात भर।

दिन भर स-चिन्त कष्ट कि पीछे पड़ा रहा,
आगे रहा कि काल खड़ा आज रात भर।

उपवन कि गगन फूल तो प्रत्येक सभी का,
काँटा कुटिल कठोर गड़ा आज रात भर।

उछला किया हृदय कि मचलते नयन रहे,
हर ओर रहा शोर बड़ा आज रात भर।

थी सेज सजी, किन्तु जले नष्ट रसिकता,
सिकता प्रतप्त पर कि पड़ा आज रात भर।

दीखा मयंक-मुख न, अतः सुख न मिल सका,
तारों! कि तुमसे आँख लड़ा आज रात भर।

वैसा समुद्र में न कभी 'रुद्र' भरा था,
जैसा कि भरा प्राण-घड़ा, आज रात भर।

18

विश्व माया है, मगर हाँ, फिर भी,
घृण्य काया है, मगर हाँ, फिर भी।

आह जीवन कि अस्तमित रवि की,
क्षीण छाया है, मगर हाँ, फिर भी।

पुष्प को छोड़ सहज काँटों का,
वन लगाया है, मगर हाँ, फिर भी।

आज तक जग असीम इच्छा ने,
कुछ न पाया है, मगर हाँ, फिर भी।

रूप या शब्द नहीं, पर मन में–
कुछ समाया है, मगर हाँ, फिर भी।

प्रेम का नित्य विकट जग भरने-
पथ बताया है, मगर हाँ, फिर भी।

है अकिंचन तदपि हृदय के कण,
'रुद्र' लाया है, मगर हाँ, फिर भी।

19

मन न एकाकी कलपना चाहिए,
किन्तु सब के साथ खपना चाहिए।

रात जीवन की कटे कुछ देखकर,
हर नयन में एक सपना चाहिए।

सुख नहीं मिलता अगर, पीड़ा सही,
कुछ न कुछ तो पास अपना चाहिए।

वेदना मन की न कोई देख ले,
अतः स्मिति का एक ढपना चाहिए।

नारियों में चाँदनी की हो चमक,
बन पुरुष को धूप तपना चाहिए।

धैर्य से लो काम कहता मर्द-दिल,
दर्द-दिल कहता तड़पना चाहिए।

'रुद्र' काग़ज़-सा हृदय यदि स्वच्छ है,
क्यों न तब प्रिय-चित्र छपना चाहिए।

20

जिसमें रही कदापि कहीं कुछ कभी नहीं,
वह देव तक बने न? मगर आदमी नहीं।

रोता कराह आह कहाँ सैर मैं करूँ,
पानी न रुक सका अभी, आँधी थमी नहीं।

जितने कि स्नेह-दग्ध यहाँ जीव जगत में,
किसका न वदन शुष्क नयन में नमी नहीं।

हे प्राण! चाल यदि कि तुम्हारी यही रही,
अचरज नहीं रहें कि किसी दिन हमी नहीं।

शैशव स-हास, रास-भरी ठीक जवानी,
है हानिप्रद कदापि कि फल मौसमी नहीं।

यदि मोदमय मिलन, न दुखद क्या वियोग है?
वह कौन-सी खुशी कि जहाँ पर गमी नहीं?

यह ‘रुद्र’ हृदय है कि निरा रुक्ष खेत है,
जिसमें कभी कदापि तृणावलि जमी नहीं।

21

दिल-लगी तो न दिल्लगी रह जाय,
कुछ करो, आग यह जगी रह जाय।

बुझ गयी आग तो रहेगी राख,
है भला यह कि यह लगी रह जाय।

भस्म हो जायँ आचरण सारे,
कुछ कहीं भी न पर्दगी रह जाय।

यह हँसी यह खुशी पराई हो,
और चिन्ता परम सगी रह जाय।

खग भटक जाय घोर आँधी में,
और पीछे अटक खगी रह जाय।

आत्म-अर्पण अगर न हो तब तो,
प्रेम-व्यापार भी ठगी रह जाय।

‘रुद्र’ यह दाग़ तो रहेंगे ही,
जब तलक दग्ध ज़िन्दगी रह जाय।

22

एक मोहन, अनेक राधाएँ,
एक ही मन, प्रभूत बाधाएँ।

पूछते लोग क्यों कहाँ खोए?
यदि स्वयं को मिलें, बता पाएँ।

मन बहल जाय प्रीति-अबला को,
उस बला को पुनः बुला लाएँ।

ज़िन्दगी मौत का बनेगी घर,
मृत्यु के द्वार हम न भी जाएँ।

वे पिघल जायँ चोट अपनी जो,
हम दिखाएँ, अगर दिखा पाएँ।

लाज दहिने, समाज बायें है,
किस तरह वे वहाँ यहाँ आएँ।

भाग्य परका प्रबल बना जब तक,
'रुद्र' ही क्यों भला न बल खाएँ।

23

मन भरा अब अपूर-सा लगता,
'रुद्र' तन तक तनूर-सा लगता।

बेरुखी से सिकुड़ गया यों दिल,
पास रह भी सुदूर-सा लगता।

बाग में मिष्ठभाषिणी के तो,
नीम तक भी खजूर-सा लगता।

क्यों न सिर में फतूर पूरा हो,
जब कि बेला धतूर-सा लगता।

प्रेम के तुंग शृङ्ग से शशि-मुख,
दूर भी हो अदूर-सा लगता।

नेह में सूर्य-हीन भी नभ तो,
नित भरा नव्य नूर-सा लगता।

चन्द चन्दन समान लगता है,
टूट तारा कपूर-सा लगता है।

24

समय साँझ का है नदी का किनारा,
प्रबल बाँध मंडल धुआँ उठ रहा है।

खड़े ठूँठ पाकड़, उन्हीं की पकड़ में,
बना घोर बादल धुआँ उठ रहा है।

गिने कौन संख्या कि वह कै किता है,
यही जान लो किसलिए कुस्थिता है।

न क्या ज्ञान काफी कि जलतीं चिता है,
उसी से उबल-बल धुआँ उठ रहा है।

खुली बस्तियों में विदग्धा परी हैं,
सबेरे सुलगती हुई गोहरी हैं।

धुएँ से न खाली चिमनियाँ भरी हैं,
उन्हीं से न केवल धुआँ उठ रहा है।

समय दोपहर का गगन जल रहा, या
अनल ही सकल हो रसातल रहा, या

कि काला कृषक-दल चला हल रहा, या
धरा से निकल चल धुआँ उठ रहा है।

हुई रात घर-घर दिया जल उठा है,
लुटी-सी कुटी में हिया जल उठा है।

पिया की जलन में जिया जल उठा है,
इसी से गगन-तल धुआँ उठ रहा है।

अभी रात आधी, सभी सो रहे हैं,
हृदय किन्तु मूक भी रो रहे हैं।

भरे राग में ज़िन्दगी खो रहे हैं,
उसी आग से ढल धुआँ उठ रहा है।

सुबह-शाम या रात-दिन, जल कि थल हो,
कहाँ कौन जो जल न होता विकल हो?

भरा 'रुद्र' जो प्राण में ही अनल हो,
सहज तब कि प्रति-पल धुआँ उठ रहा है।

25

जो कहीं प्रेम राज-पथ होता!
क्या सभी का उधर न रथ होता?

नेह की जब बिसात बिछती है,
प्राण ही है सदैव गथ होता।

जो हृदय है मथित, दुखी मत हो,
दिव्य नवनीत दूध मथ होता।

पथ मिले तो कि बढ़ सकूँ उस पर,
फिर सुपथ या कि वह कुपथ होता।

गोप्य होते रहस्य तो यों सब,
प्राण का भेद पर अकथ होता।

जो कि करबद्ध हो कहा, पग छू,
देवि! कहता, वही शपथ होता।

'रुद्र' प्रायः जहाँ सभी की इति,
क्या तुम्हारा वहीं न अथ होता?

26

मन ढूँढ रहा मोद-मयी मोहिनी कहाँ?
व्याकुल हुआ फणी कि गयी रे मनी कहाँ?

रो रो विरक्त नैन हुए सूख ह्रदय ने,
उनसे कहा-गयी कि समाँ सावनी कहाँ?

मृत्दीप, बिज्जु और दिवालोक सभी हैं,
वह दीख पड़ें किन्तु भला रोशनी कहाँ?

अवसर पड़े दिखा न सकें, खा न सकें भी,
हीरक प्रभामयी कि वही है कनी कहाँ?

क्षण की कभी न बैठ सकी युग युगों युगों,
'अ-वनी' स्वयं जहाँ कि वहाँ फिर बनी कहाँ?

दिलमें धड़क, ठनक कि भरा सिर उभर रहा,
इस भाँति दिल दिमाग उभय में ठनी कहाँ?

पंकज समान प्राण खिले यदि, कहो न तब,
काया कि 'रुद्र' कोच कठिन में सनी कहाँ?

27

इन दिनों मन मलीन ज़्यादा हैं,
आह के ही अधीन ज़्यादा हैं।

चाह उनकी सता रही है जो,
शील में कम, हसीन ज़्यादा हैं।

हैं कमल नेत्र तो अधिक उनके,
और मेरे कि मीन ज़्यादा हैं।

प्रेम का है प्रपंच, दिल दो ही,
शत्रु तो तीन-तीन ज़्यादा हैं।

नैन भी क्या प्रवीण वक्ता हैं,
कम न कहते, कभी न ज़्यादा हैं।

दीन कम थे कि दान ज़्यादा तब,
दान अब कम कि दीन ज़्यादा हैं।

आदमीयत गयी, घिसे पुरजे,
आदमी कम; मशीन ज़्यादा हैं।

धन्य! प्राचीन कम न वय से जो,
किन्तु मन से नवीन ज़्यादा हैं।

दोष से पूर्ण 'रुद्र' की ग़ज़लें,
हीन कम हैं, महीन ज़्यादा हैं।

28

न छल कर रहा हूँ, न बल कर रहा हूँ,
न तो सत्य को ही बगल कर रहा हूँ।

कठिन हैं कथाएँ कुटिल ज़िन्दगी की,
उन्हें ही स-जल कर सरल कर रहा हूँ।

कदाचित् असल ही बने यह किसी दिन,
अतः नेह की मैं नक़ल कर रहा हूँ।

हृदय की जलन से किया आग जल को,
उबल कर अनिल को अनल कर रहा हूँ।

महल को गिरा कर कुटी क्यों बनाऊँ?
छुटी सी-कुटी को महल कर रहा हूँ।

हुआ था पुराना, इसी से नये से–
हृदय को नया मैं बदल कर रहा हूँ।

चहक से महक से भरे 'रुद्र' गुल को,
तनिक गुनगुना कर कमल कर रहा हूँ।

29

रात रोती न फूल खिल पाते!
नभ न रोता कि नद न मिल पाते।

शून्य हलचल-ग्रसित न होता तो,
हम न भू, जल, अनल, अनिल पाते।

भूमि में भी न आग जो होती,
शस्य तिल भर कहीं न हिल पाते।

जो न जलते मनुष्य ईंधन बन,
गर्म हम तो कहीं न 'मिल' पाते।

गर्द होती धरा न, जो सब मर्द–
दर्दवाला उदार दिल पाते!

साध मन की सदा रही मन में,
तोड़ पत्थर कहीं सलिल पाते।

अश्रु से है कपोल का तिल तर,
जो न जलते, न जल स-तिल पाते।

रूप-दर्शन कि शुष्क जो होता,
'रुद्र' को हम बना कपिल पाते।

30

गोप्य प्रियका सुनाम होता है,
'वे' 'वही' बोल, काम होता है।

प्रेम का व्याकरण कि संज्ञा-हीन!
एक बस सर्वनाम होता है।

काममय विश्व में कहाँ कोई,
कब कभी पूर्णकाम होता है।

मन जहाँ पर कि रम रहे अपना,
उस जगह स्वर्ग-धाम होता है।

व्यर्थ बेदाम जो कि बेदम है,
दम सदा ही अ-दाम होता है।

नित्य आशा-विनष्ट प्राणी को,
कष्टमय अष्ट-याम होता है।

क्या न बनते विराटतक वामन,
'रुद्र' विधि जब कि वाम होता है।

31

देखने को अखिल भुवन देखा,
पर, अपीड़ित कहीं न मन देखा।

देख जग में सका नहीं वह कुछ,
जिसने जीवन नहीं, मरन देखा।

जो वजन से न चूर हो अपने,
हमने ऐसा कहीं न जन देखा।

द्वार दुर्भाग्य के खुले ही थे,
बन्द सौभाग्य का भवन देखा।

कीट जिसमें न किलबिलाते हों,
बाग में वह नहीं सुमन देखा।

चाह थी चाँदनी निशाकी पर,
आह! दिन भर तपा तपन देखा।

बावला मन तुरन्त भर आया,
जब कहीं भी सजल नयन देखा।

चारु चूल्हे में बस चिता देखी,
चार गज वस्त्र में कफन देखा।

वर्ष जाते अनेक देखे हैं—
लौटता एक भी न छन देखा।

दोपहर जो अतीव उन्नत था,
साँझ उस सूर्य का पतन देखा।

पात-सा हाय! सूखते पाया,
जब कभी फूल-सा बदन देखा।

देह चाहे सदा खुली पायी,
नेह! तुझको न निर्वसन देखा।

'रुद्र' धन के सदैव हाथों से,
विश्व ने विश्व का निधन देखा।

32

सुन्दरी! सत्य तुम्हारा कि सुघरतर घर है,
मुद्रिका-मध्य-जटित रत्न-सदृश सुंदर है।

लुट गयी हाय हृदय-निधि कि परिधि में जिसके,
है छुरी, किन्तु पुरी मन्द नहीं मन-हर है।

भूल थी, जान सका था न, सदय दृष्टि मृदुल—
वस्तुतः काठ कठिन या कि प्रबल पत्थर है।

स्नेह से सिद्ध हुए जो कि गगन में उनके,
चन्द्रमा नित्य नया, नित्य नया दिनकर है।

एक है उच्च, ढलक एक निम्न-गामी भी,
मेरु मन है कि लसित-नीर नयन निर्झर है।

अभिलषित तन न किसी का, न किसी का यौवन,
काम्य वह दृष्टि सहज जो कि मधु-मधुरतर है।

'रुद्र' जिनका कि हृदय क्षुद्र कलुष से उभरा,
गूँजता खूब उन्हीं के कि गले का स्वर है।

33

यदपि नित्य ही मैं बादल बाट निकला,
तदपि राह उनकी सदा काट निकला।

जहाँ थक गये पैर, मंजिल वहीं थी,
जहाँ नाव डूबी, वहीं घाट निकला।

लटे के लुटे के सदा सामने से,
भरा और पूरा बना लाट निकला।

धरा पर गगन में तुम्हीं हो, तुम्हारा,
कहीं राज निकला, कहीं पाट निकला।

निकाला गया धैर्य जब भी हृदय से,
सदा शान्ति को साथ ही साट निकला।

कभी बन सुखी तो कभी बन दुखी भी,
बदल विश्व का ठग सदा ठाट निकला।

पचासा हुआ पास, खेली पचीसी,
अरे 'रुद्र' करने उठी हाट निकला।

34

काम्य कोई कि कभी हाय हमारा हो जाय,
सर्व-हारा न बनूँ एक सहारा हो जाय।

है निराशा कि महा तम? महात्म्य यह इसका,
सूर्य घुस जाय अगर, क्षुद्र सितारा हो जाय।

लोक छोटा कि बड़ा मस्म हुआ है कोई,
जान लो, जब कि प्रभापूर्ण इशारा हो जाय।

जिस सरित-तीर नयन बैठ बहा दे आँसू,
तीर्थराजत्व करे प्राप्त, त्रिधारा हो जाय।

पार मंझधार उभय, एक मिले तो कोई,
जीर्ण है नाव, कहीं कूल किनारा हो जाय।

चित्त की देख दशा, ध्यान समेटा मैंने,
पास जा यह न कहीं दास तुम्हारा हो जाय।

बन्धनों से न कसो प्राण कि वह बन्दी हो,
घर तुम्हारा कि तुम्हें 'रुद्र' न कारा हो जाय।

35

अन्य का जान सका दुःख वही कोई हो,
आँख जिसकी कि भरी आँख देख रोई हो।

भाल पर भव्य पड़ी एक सुनहली लट यों,
प्राप्त शशि-अंक किये भ्रान्त किरण सोई हो।

लुप्त आशा न हुई शुष्क परम उतर पा,
घोर मरु में न सरित-धार यथा खोई हो।

काम अपने कि जो आ जाय वही है अपना,
देव हो या कि दनुज या कि अनुज, कोई हो।

मेघ से और पवन से सँदेश वह भेजे,
कालि का दास कि वंगीय सुकवि धोयी हो।

रात इस भाँति गगन मध्य झलकते तारे,
चोट पर चोट यथा हार-सी पिरोई हो।

पुण्य का शस्य वही 'रुद्र' निरा पायेगा,
त्याग की दिव्य फसल जिसने कभी बोई हो।

36

रंग भरी पिचकारियाँ चलने लगीं,
रक्त-रंजित आरियाँ चलने लगीं।

हो चले नर चंचलित, विचलित तथा,
मृदु मचलने नारियाँ चलने लगीं।

बान चले कितने कुमार कुमारगी,
कर कुचाल कुमारियाँ चलने लगीं।

सन सुरभि से वनपवन सनसन चले,
हिल कुसुम की क्यारियाँ चलने लगीं।

नेत्र में आलोक जब आने लगा,
लुप्त परदेदारियाँ चलने लगीं।

आह! किससे चार आँखे हो गयीं,
वाह! फिर लाचारियाँ चलने लगीं।

मैं चला जिस ओर, परियों की उधर,
साथ साथ सवारियाँ चलने लगीं।

फिर किया व्यवहार कटु आरम्भ यह,
फिर कठोर कटारियाँ चलने लगीं।

'रुद्र' होली का तरंग पुनः उठा,
ग की तैयारियाँ चलने लगीं।

37

झाँक बैठे मुझे झरोखे से,
एक ही बार, और धोखे से।

ज़िन्दगी भर के वास्ते मेरी,
लग गये कुछ मुझे अनोखे से।

जब कभी वह गली पकड़ निकला,
आ गयी कूद मौत मोखे से।

उग्र से उग्र देवियाँ वश हैं,
सिद्धि है इष्ट मन्त्र धोखे से।

तौल या थाह नेह की न मिला,
नापने से कभी न जोखे से।

भूल धोखे में अब न रहियेगा,
आप ही हैं अनूप चोखे से।

'रुद्र' बस खार ही बढ़ेगी तो,
बन कि कुम्भज समुद्र सोखे से।

38

निशा घोर काली सघन, प्राण मेरे!
कुटी में उजेरा तुम्हारे लिये है।

जलाये दिवाली यहाँ तो निराशा
पड़ी डाल डेरा तुम्हारे लिये है।

भला जो कभी आ गये तुम यहाँ तो,
गुथी अन-गुथी म्लान माला मिलेगी।

लिये मौन वीणा, हृदय से लगाये,
सदा के लिये मौन बाला मिलेगी।

अगर तार उसके कहीं छेड़ दोगे,
कहेगी सुनिश्चित कि निश्चित कभी से–

हमारी मिलन की घड़ी एक ही थी,
अबेरा सबेरा तुम्हारे लिये है।

अरे दूर के हाय! साथी हमारे,
चले तुम कि जब फूल झड़ने लगे हैं!

बिदाके करुण स्वर सजल मेघ बनकर,
जले मानसों से उमड़ने लगे हैं!

गया ज्ञान सारा, सिधारा सकल बल,
नहीं छल तनिक भी, सही कह रही हूँ।

यह कह रही हूँ कि जो फूल चन्दन,
यहाँ है बिखेरा, तुम्हारे लिये है।

नहीं शेष कुछ भी बचा है मधुर सुर,
पड़ी धूल-धूसर यहाँ बाँसुरी है।

मरण ने महा एक मेला लगाया,
मगर शून्य अब प्राण की तो पुरी है।

गया तेज में 'रुद्र' अब तेज सारा,
पवन भी पवन में अरे मिल गया है!

जिसे जो मिला ले लिया है सभी ने,
मगर गात मेरा, तुम्हारे लिये है।

39

कभी प्रमत्त मुदित मन-मयूर हो न सका,
मेघमालीय सुदूरत्व दूर हो न सका।

प्रज्वलन शक्ति रही कुछ न, अतः मन मेरा,
स्वच्छ शीतल न बना औ कपूर हो न सका।

शान्ति दी, स्वास्थ्य दिया, प्राण उचित था देना,
जले विवेक! यही, बस हुजूर हो न सका।

विरह वियोग रहा कारबार, मैं मालिक,
पा मिलन- 'मिल' कि कभी तो मजूर हो न सका।

नेह सुकुमार बहुत और बहुत था हलका,
दृष्टि से दूर गिरा किन्तु चूर हो न सका।

प्यार किसका कि न फटकार तक मिली मुझको,
हुआ कसूर यही, कुछ कसूर हो न सका।

मिलीं कभी कि जो मुसकान ऋण, हृदय जिसमें,
सूद ही सूद हुआ 'रुद्र' मूर हो न सका।

40

यहाँ से वहाँ से अभय मिल गया है,
मुझे पथ प्रदर्शक हृदय मिल गया है।

करे बुद्धि की चाह उसकी बला अब,
जिसे मन रसीला सदय मिल गया है।

पड़ी भग्न वीणा रही जो उसे ही,
ललितलय मिला है प्रलय मिल गया है।

रुखाई किसी की न दुख दे सकेगी,
मुझे दिव्य ऐसा विनय मिल गया है।

बढ़ा जा रहा था कि तूफान-सा मैं,
मुझे मिल गयीं तुम त्वरै मिल गया है।

भले सूर्य शशि और तारे बनो तुम,
तुम्हें नील नभ में निलय मिल गया है।

यहाँ मृत्तिका ही मृत्तिका ही चतुर्दिक,
अतः मृत्तिका में सु-वय मिल गया है।

मिले तुम जहाँ भी हुआ हर्ष जैसे,
परीक्षा समय कुछ समय मिल गया है।

मिलो 'रुद्र' ऐसे कि जैसे समुद्री-
लहर को धरा का वलय मिल गया है।

41

गर्व से ग्रस्त, अहम्मन्य हुए हैं हम लोग,
तथ्य की बात यही वन्य हुए हैं हम लोग।

तुम समझते कि सगे गैर तुम्हारे अपने,
और भवदीय बहुत अन्य हुए हैं हम लोग।

जल कि थल और गगन तक सता दिया हमने,
सृष्टि-हित घोर घृणाजन्य हुए हैं हम लोग।

राम से शक्ति मिली, भक्ति मिली माधव से,
बुद्ध से बुद्धि मिली, धन्य हुए हैं हम लोग।

शक्ति थी और क्षुधा, पर विवेक बाकी था,
यों मनुज सृष्ट कि तज्जन्य हुए हैं हम लोग।

त्याग-सम्पत्ति जगत को प्रदान की हमने,
मान्य इस हेतु तथा गण्य हुए हैं हम लोग।

'रुद्र' था क्या न परम यह प्रसाद गाँधी का,
त्याग दासत्व कि राजन्य हुए हैं हम लोग।

42

प्रीति जिसके कि प्रति नहीं होती,
उस तरफ चित्त-गति नहीं होती।

पूर्ण होता नहीं प्रणय, जब तक–
प्राणपण से प्रणति नहीं होती।

काम का भाव जाग जाता है,
जिस जगह शुद्ध रति नहीं होती।

एक पथ पर बढाव, है बढ़ना,
राह तज तज, प्रगति नहीं होती।

प्रेम में प्राण तक गंवाकर भी,
वस्तुतः किन्तु क्षति नहीं होती।

योजनाएँ सफल न होती है,
गेह में जब सुमति नहीं होती।

कब न संसार में कहीं पर भी,
स्वर्ण-संपति विपति नहीं होती।

छन्द स्वछन्द गति भरा जीवन,
किन्तु क्या मृत्यु यति नहीं होती?

क्षुद्र की बात भी सहे जाओ
'रुद्र' जब तक कि अति नहीं होती।

43

घर का सुना सु-नाम कि माया-निवास है,
यह भी सुना कि मुक्ति वहीं आस पास है।

सरि, गिरि, रणस्थली कि वनस्थल वहीं घिरे,
डूबें, गिरें, कटें, कि मरें, सब सुपास है।

होता अवश्य चित्त हरा किन्तु किसी ने,
पूछा कभी न यह कि हृदय क्यों उदास है।

वन में खिला प्रसून कभी एक दिव्य था,
उसका अभी तलक तो निराला सुवास है।

बोले भ्रमर न और रहे भ्रान्त हृदय भी,
स्वर सन्धि में विलोक कि द्वन्द्वी समास है।

था भानु लाल और रहा शशि निहाल भी,
गुंजन उठा कि एक नवालोक पास है।

फिर ध्यान में चढ़ा कि वही तो मयंक-मुख,
अद्‌भुत अनूप 'रुद्र' उसी का उजास है।

44

अयि तारिके! तुमसे मुझे शशि ने सहर्ष मिला दिया,
अब क्या कहूँ यह क्या किया बस जान ली कि जिला दिया।

वह आह आकृति हूर की, फिर मस्त चाल मयूर की,
शुभ कान्ति शुभ्र कपूर की, कुछ घोल घोल पिला दिया।

सरि-तट अतीव सुहावना, हर ओर सौरभ से सना,
मुझको स-पत्रक तरु बना झकझोर जोर हिला दिया।

जिसको कभी कुछ था न भय, अति शान्त और रहा सदय,
वह मूल्यवान महा हृदय, बिन मोल तोल दिला दिया।

उमड़ा सनेह समुद्र कुछ, उन्मत भी कर क्षुद्र कुछ,
तुमको वहाँ पर 'रुद्र' कुछ, कर मंत्र तंत्र खिला दिया।

45

पुनः याद प्रिय की सताने लगी है,
मुझे मृत्यु फिर याद आने लगी है।

कहूँ जो हृदय की, हँसी मात्र होगी,
सुहृद-मंडली मुस्कराने लगी है।

किधर से दुखों के घिरे आ रहे घन,
अलक की हवा रुख बताने लगी है।

सदा ही तुम्हारी नज़र से निहारा,
वही आँख अब क्यों चुराने लगी है।

हिलाते हुए सिर बराबर बुढ़ौती,
तरुण भूल अपनी बताने लगी है।

जहाँ मौत ने बीन अपनी सँभाली,
वहीं ज़िन्दगी गुनगुनाने लगी है।

किसी ने कभी 'रुद्र' देखा न होगा,
मुझे दृष्टि अब जो दिखाने लगी है।

46

मेरी न सुबह या न सुनी शाम कहानी,
यह काम-कहानी बड़ी बेकाम कहानी।

छले न नयन-नीर, न फट जाय हृदय सुन,
अभिराम कहानी न रही राम-कहानी।

रस-रास भरा किसने न जाने कि कहाँ का,
थी खास कहानी कि हुई आम कहानी।

संवाद बहुत मर्म-भरे, भाव चुटीले,
पाती कभी विराम न अविराम कहानी।

वह कौन जगह प्रेम-कहानी न जहाँ हो,
है गूँज रही सुर कि असुर-धाम कहानी।

अब राम-कहानी न किसी को सुहा रही,
जाती कही सदैव अतः काम-कहानी।

प्रति याम न हर ठाम इसे 'रुद्र' सुनाओ,
कर दे न तुम्हारी तुम्हें बदनाम कहानी।

47

दूर बह नाव गई, पास किनारा न रहा,
तृण तलक किन्तु कहीं एक सहारा न रहा।

चन्द्रमा अस्त हुआ, व्यस्त कहीं है सूरज,
शून्य आकाश हुआ, एक सितारा न रहा।

ज्ञान अब पास नही, ध्यान गया दूर निकल,
त्राण कल्याण कहाँ? प्राण हमारा न रहा।

आँख फिर हाथ तथा प्राण से पुकारा है,
पास अब शेष यहाँ एक इशारा न रहा।

धूल उड़ खूब पड़ी, लाज बची बस इससे,
निर्वसन तन न हुआ और उघारा न रहा।

बन सकूँगा न कभी पूर्ण वियोगी योगी,
आज आरा कि कहीं एक करारा न रहा।

हौसला एक बचा है कि मरें पर सुन लें,
यह वचन हम कि अरे 'रुद्र' बिचारा न रहा।

48

जैसे कि छिपी बिज्जु सघन घन में रही है,
वैसे कि मेरे मन की सदा मन में रही है।

युग भर न मिलन में कि जो आनन्द उठाया,
क्षण भर में व्यथा उतनी तो बिछुड़न में रही है।

अनुराग वहीं तो कि जहाँ आग सुलगती,
मन में वही, यही कि सदा तन में रही है।

घर घर बयार आज नगर में चली कि जो,
बहती वही बयार कभी बन में रही है।

मुझ-सी न रुदन-भक्ति कभी पा सका भादों,
मुझ-सी न रुदन-शक्ति कि सावन में रही है।

यौवन चटक भरा कि जरा घोर प्रतिष्ठित,
पर बात कहाँ वह कि जो बचपन में रही है।

घन में है यथा बिज्जु का नर्तन, गगन में घन,
तन में तथा मन, 'रुद्र' लगन मन में रही है।

49

यह लिया मान महा रूप मदन से लाये,
इन्द्र से शक्ति प्रखर, शान शमन से लाये।

बुद्धि की प्राप्त बृहस्पति कि शुक्र से जैसे,
क्षिप्र गति छीन स्वयं तीव्र पवन से लाये।

जो कि मद-मत्त अघाते न कभी वे कहते,
भूमि तक क्या न हमीं कूद गगन से लाये।

फूल का रंग न देखा, न गंध तक भी ली,
कूर काँटे कि कुटिल कोटि चमन से लाये।

हाँ, चरण आप मरण-काल समझ ले आये,
किन्तु मनहूस घड़ी नष्ट लगन से लाये।

याद मुझको न किया था न बुलाया तक भी,
मन में लाये न कभी और न मन से लाये।

तन-पतन अब कि न सम्भाव्य किसी भाँति रहा,
वह कवच 'रुद्र' कठिन माँग अतन से लाये।

50

मिल रही नित्य ही नयी धमकी,
अब अवाई अवश्य है यम की।

उग्र तारा-प्रभा रही, जब तक,
चन्द्र की चाँदनी नहीं चमकी।

सुख-सुदिन कब बड़ा हुआ जग में,
रात लम्बी हुई न कब गम की?

हाय इस रूप की पिपासा ने,
शान किसकी न कब कहाँ कम की?

मेघ छत पर अवश्य तब गरजे,
द्वार पर जब कि दामिनी दम की।

हाय रे! फूल से भरे दिन को,
रात मिलती सदैव शबनम की।

मृत्यु को तो रही यही हुलिया,
रंग तम का कि मूर्ति मातम की।

प्राण तक भी गये हमारे पर,
भावना तो नहीं गयी 'हम' की।

ख़ैर, अब तक निगम रहे तो क्या,
'रुद्र' लोगे ख़बर न आगम की।

51

मन कौन न कुछ द्वेष-मलिन, कोई बता दे,
किसका न निशा-ग्रस्त सुदिन, कोई बता दे।

है योग सु-संयोग अथच विप्रयोग में,
ले रिन कि हुआ कौन उरिन, कोई बता दे।

वे कौन जिन्हें लोभ-कुनागिन न डस सकी,
डसता न किसे गर्व-अहिन कोई बता दे।

वह वस्तु कहाँ दाम न कुछ जिसका जगत में,
वह काम कहाँ जो न कठिन कोई बता दे।

सप्ताह में दिन कौन भला उनसे मिलन का,
छिन भर कि तनिक ध्यान से गिन, कोई बता दे।

इतना कि बता दे न कहाँ नेत्र स-जल हैं,
किसके न कलेजे कि अगिन, कोई बता दे।

यों 'रुद्र' सदा शे'र बने रहते हैं पर क्यों,
आते कि हुए उनके हरिन, कोई बता दे।

52

है कठिन यह कि प्रिय पता पाऊँ,
यह कठिनतर कि फिर बता पाऊँ।

खूब सम्भव पता लगाने में,
मैं स्वयं को कि लापता पाऊँ।

डाल सांसत में कह रहे-शायद!
फिर किसी को न यों सता पाऊँ।

मैं विकट वृक्ष तक बनूँ वन का,
पर कहीं जो ललित लता पाऊँ।

शुद्धि हो जाय हाय मन की तो!
बुद्धि को जो बता धता पाऊँ।

तोड़ सम्बन्ध दूँ सदा को मैं,
किन्तु ख़त में कहीं खता पाऊँ।

‘रुद्र’ उस देवि से मिला दे जो,
वह कहाँ दिव्य देवता पाऊँ।

53

बुद्धि वृध्यर्थ व्यास होता हूँ,
मन मिलाकर समास होता हूँ।

पास सुध-बुध न रह कहीं जाती,
प्रेम के जब कि पास होता हूँ।

एक छन जो स-हास होता हूँ,
तो युगों तक उदास होता हूँ।

ग्रीष्म में दग्ध कास, वर्षा में,
हाय जल भुन जवास होता हूँ।

वाह अनुरक्ति! नाम सुन उनका,
फूल रक्तिम पलास होता हूँ।

लोग सब द्वार बन्द करते हैं,
जब विकल मैं वतास होता हूँ।

तोड़ सब धूल में मिला देते,
फूल में जब सुवास होता हूँ।

जल रहा नित्य ही, चिता जलती,
देख तब क्यों उदास होता हूँ।

‘रुद्र’ हूँ घोर शान का मालिक,
मान का किन्तु दास होता हूँ।

54

मन सुलग बन कपूर उड़ता है,
हाँ, बहुत दूर-दूर उड़ता है।

जो जलाओ न भी, उड़ेगा ही,
तोड़ बन्धन कपूर उड़ता है।

उड्डयन की प्रकृति अधिक मिलती,
जब कि हो चूर चूर उड़ता है।

दुख यही है कि मेघ-माला दूर,
और कम ही मयूर उड़ता है।

यह ठिठाई बड़ी पतिंगे की,
दीप को घूर-घूर उड़ता है।

नेह यदि कम, प्रकाश भी सीमित,
भर धुआँ ही गरूर उड़ता है।

काल की 'रुद्र' एक सीटी पर,
प्राण-पंछी जरूर उड़ता है।

55

दिल न देखो कि दाग़ भी देखो,
अम्बु के साथ आग भी देखो।

बाहरी रंग में रखा क्या है?
राग देखो, पराग भी देखो।

सुख मनोनीत! दुख अवांछित क्यों?
दिव्य मणि-नग न, नाग भी देखो।

देखकर सीस ही असीस न दो!
है कहीं कुछ दिमाग भी, देखो।

है न जग भाग्य में तुम्हारे ही,
अन्य का अंश-भाग भी देखो।

दूसरे भी जियें, जियो तुम खुद,
बन रहो और बाग भी देखो।

एक पक्षीय पक्षि है बेकार,
राग देखो, विराग भी देखो।

माँग में खुद भरो चटक सेंदुर,
दूसरे का सुहाग भी देखो।

'रुद्र' देखो समुद्र ईश्वर का,
आदमी का तड़ाग भी देखो।

56

भैरवी या विहाग गाऊँगा,
दर्द का सर्द राग गाऊँगा।

स्वप्न में रात गीत जो गाया,
प्रात फिर जाग जाग गाऊँगा।

अब बजाकर कि बीन मैं मन की,
हाँ, नचाकर कि नाग, गाऊँगा।

मुँह कि कल-कंठ कोकिला खोले,
इसलिए साज काग गाऊँगा।

हो हृदय तो किसी तरह पानी,
स्वर भरा वह कि आग गाऊँगा।

दिन नहीं ये मल्हार गाने के,
रंग से 'रुद्र' फाग गाऊँगा।

57

चाँदनी भी कहीं न चन्द कहीं,
ज्योति फिर भी नहीं अमन्द कहीं।

है अँधेरा सतत् उजाला भी,
है सितारा सदा बुलन्द कहीं।

भाव बन्धन बना न रहता क्या,
है न स्वच्छन्द एक छन्द कहीं।

रंग जम जाय चक, जो आ जाये,
रंग मेरा उन्हें पसन्द कहीं।

उस समय आ रही अरी भ्रमरी,
फूल में जब नहीं मकरन्द कहीं।

मन प्रपीड़ित, नयन उलझ बैठे,
दुख कहीं और, और द्वन्द कहीं।

'रुद्र' राधा-रमण हुए मोहन,
अब यशोदा कहीं न नन्द कहीं।

58

आज बस खास कह रहा तुमसे,
भर अमित प्यास कह रहा तुमसे।

सच यही है कि कर तुम्हारा ही,
घोर विश्वास कह रहा तुमसे।

खास उल्लास हो सदा ही तुम,
हाँ स-उल्लास कह रहा तुमसे।

शील की तुम शिला, इधर मन भी,
तीव्र बातास कह रहा तुमसे।

व्यर्थ होतीं उदास अपने को,
तुल्य जब दास कह रहा तुमसे।

बात जो कह रहा कि उसका कर,
पूर्व अभ्यास कह रहा तुमसे।

'रुद्र' बिगड़ो न, आ गया है अब,
मस्त मधु-मास कह रहा तुमसे।

59

व्योम ही व्योम रह गया है अब,
और तम-तोम रह गया है अब।

जाम खाली कि नौजवानी का,
शेष बस जोम रह गया है अब।

लुप्त बत्ती हुई सुलग कब को,
हाँ गला मोम रह गया है अब।

सूर्य भी अस्त हो गया मेरा,
व्यस्त कुछ सोम रह गया है अब।

प्रेम के मन्त्र-पाठ की इति है,
प्राण का होम रह गया है अब।

गूँज प्रिय नाम प्राण में अनहद,
नादमय ओम रह गया है अब।

ध्यान प्रिय का कि 'रुद्र' व्यापक हो,
रोम प्रति रोम रह गया है अब।

60

जो घड़ी बीती कि वह आनी नहीं,
राह नित मिलती कि जो जानी नहीं।

मानता हूँ रूप लासानी मगर,
यह न समझो है कहीं सानी नहीं।

नभ! बता तू ही कि हम कब तक रहें,
इस तरह छप्पर नहीं, छानी नहीं।

भेंट अब कब? तब कहा-मालूम क्या?
प्रश्न का उत्तर यही, यानी, नहीं।

हो क्षमा यदि क्षोभ में कुछ कटु कहूँ,
तथ्य की है बात, मनमानी नहीं।

कौन सा घर है जहाँ राजा नहीं,
कौन नर जिसकी कहीं रानी नहीं।

चढ़ सके चाहे कि यौवन पर न आब,
'रुद्र' जीवन किन्तु बेपानी नहीं।

61

राग मैं और रंग तुम देखो,
तंग मन मैं, उतङ्ग तुम देखो।

दृष्टि मुझ पर रखो न, मेरी प–
दृष्टि के संग संग तुम देखो।

जंग मानूँ तुम्हें कि जीवन का,
और मुझको भुजंग तुम देखो।

स्वर तुम्हारा सितार हो मुझको,
मन हमारा मृदंग तुम देखो।

विश्व कितना विशाल है यह भी,
एक दिन बन बिहंग तुम देखो।

मौन मानस गँभीर कितना है,
ले लहर बन तरंग तुम देखो।

रूप रति का कि वस्तुतः क्या है,
'रुद्र' बन कर अनंग तुम देखो।

62

मन तो उलझ रहा है अब कृष्ण केश में फिर,
लौटा यथा प्रवासी कोई स्वदेश में फिर।

फिर से हृदय जलाने की कामना जगी है,
इच्छा मदन-दहन की जागी महेश में फिर।

गजरे गले कि सिर पर फिर फूल के पड़े हों,
उस रंग-मंचवाले आओ न वेश में फिर।

मन की सुनो न कुछ भी, मनमानियाँ करेगा,
हाँ, डाल क्या न देगा तन को कि क्लेश में फिर?

मधुमास आ गया है, मधु वास आ रही है,
फाड़ो न वस्त्र अपने उन्मत्त वेश में फिर।

प्रिय रूप में पुनः जो आलोक देखता है,
आई सुबुद्धि शायद गोबर गणेश में फिर।

जब 'रुद्र' जन्म राशि-स्थिति मीन-मेष की है,
हर काम क्यों न अपना हो मीन-मेष में फिर।

63

कर गये सुन कि अनसुनी मेरी,
भावना प्रेम की भुनी मेरी।

रुक्ष हिय के किसी मरुस्थल में,
लुप्त स्वर की कि सुरधुनी मेरी।

कटु कथाएँ सुनी, रहा पर मौन,
आह! वाणी हुई मुनी मेरी।

फँस कि जिस जल में जला उसकी,
रस्सियाँ है मगर बुनी मेरी।

जो कि गलहार आपका उसको,
कान्त कलियाँ कि हैं चुनी मेरी।

मन-चषक में उड़ेलते ही तो,
उड़ गयी प्रीति-बारुनी मेरी।

'रुद्र' छूते विचूर्ण होती है,
कामना है बहुत घुनी मेरी।

64

अलक चूम लेना, पलक चूम लेना,
मुझे देखकर एकटक चूम लेना।

इधर देखकर भी, उधर देखकर भी,
निगाहें बचाकर, झिझक चूम लेना।

नहीं भूलता है विकट सिन्धु-तट को,
लचीली लहर का छलक चूम लेना।

कभी क्या न देखा स-जल मेघ-दल को,
चकित चंचला का चमक चूम लेना।

बदा भाग्य में भानु के नित्य ही है,
निशा का चरण-चिह्न तक चूम लेना।

चलो चूम जब तक नहीं पूर्ण होता,
चिता का सु-तनु को धधक चूम लेना।

हुए 'रुद्र' उन्मत्त तब क्या कठिन है,
कड़ी बन्धनों की ललक चूम लेना।

65

यदि दबी बेदना उभर जाती,
वृत्ति मन की मलिन निखर जाती।

जो कशिश में न कुछ कसर रहती,
आह कोई न बेअसर जाती।

भाव होता न जो, अभाव-भरी–
सृष्टि सिर पीट पीट मर जाती।

प्राण-प्याली अतीव खाली लख,
आँख किसकी कहाँ न भर जाती।

जो न होता सखित्व गहरा तो,
ज़िन्दगी मौत के न घर जाती।

बावली कामना बड़ी चंचल,
छन इधर और छन उधर जाती।

दृष्टि वह बांध जो न लेती तो,
भावना हो तितर-बितर जाती।

ध्यान में मूर्ति जो चढी उसकी,
बात मन में तुरंत उतर जाती।

'रुद्र' जीवन हरा भरा रहता,
क्षेत्र चिन्ता अगर न चर जाती।

66

छिपा इन्दु तो मेघ में कुछ निकल कर,
व्यथा जग गयी एक करवट बदल कर।

कथा इस व्यथा कि वही जानती है,
गये प्राण जिसके अधर तक उछल कर।

निकलकर, विकलकर-हटो, भाग जाओ,
कहा शीघ्र बलकर कहा फिर उबल कर।

सदा मृत्यु की ही विजय देख होती,
चिता पर हुई ज़िन्दगी राख जल कर।

लड़कपन कटा खेल में ही तुम्हारा,
जवानी दिवानी चलो अब सँभल कर।

सहे है कई कोटि रे कूट कटु भी,
महाविष निगलकर, प्रबल शीत गलकर।

भले 'रुद्र' ऊँचा सितारा तुम्हारा,
गिरोगे उछल कर बचोगे न छल कर।

67

बजा शंख प्रस्थान का तो प्रिये है,
तुम्हें प्यार कर लें, बिदा हो रहे जब,

खड़ा अश्व बाहर, अड़ा विश्व भीतर,
नज़र चार कर लें, बिदा हो रहे जब।

कहीं तुम रहोगी, कहीं हम रहेंगे,
न बेगम रहोगी, न बे-गम रहेंगे।

हमारे तुम्हारे न दुख कम रहेंगे,
हृदय आग होगा, नयन नम रहेंगे।

न नौका कहीं है न पतवार ही है,
कि मँझधार ही है, चली घोर आँधी।

बढ़ी आ रही आँसुओं की नदी जो,
उसे पार कर लें, बिदा हो रहे जब।

अनायास हम राह चलते मिले थे,
हमारे हृदय तो उछलते मिले थे।

सँभाले कलेजा सँभलते मिले थे,
निकलते शशि, सूर्य ढलते मिले थे।

रही शुभ्र शुक्ला द्वितीया मुझे जब,
बनीं अद्वितीया प्रिये! मिल गयीं थीं।

तृतीया न कोई दिखी है जिसे हम,
हृदय-हार कर लें, बिदा हो रहे जब।

मिले थे जहाँ थल कि गान्धर्व था वह,
अहे रंगिणी! रंग का पर्व था वह।

रहे भानु-शशि भी कि सारे सितारे,
हृदय को इन्हीं का बड़ा गर्व था वह।

रँगा केसरी रंग से बाग भी था,
रहा जो कि उजड़ा भरा राग भी था।

वही थल, वही पल, विफल ज़िन्दगी में,
सदाधार कर लें, बिदा हो रहे जब।

सुनहला सुदिन न रजत-रात होगी,
न पीयूष से पूर्ण बरसात होगी।

परम पूर्णिमा भी अमा रात होगी,
प्रिये! स्वप्न में ही मुलाकात होगी।

मिलें या मिलें अब न निश्चय कहीं है,
न निश्चय यहीं है, न निश्चय वहीं है।

नयन-तारिके! बात खुलकर अरे,
आखिरी बार कर लें, बिदा हो रहे जब।

68

रस-रीति तब तलक कहीं पाई नहीं गयी,
जब तक कि नेह-नीति निभाई नहीं गयी।

मन पर कि पड़ी चोट कड़ी चोट बड़ी जो,
खाई न कभी या कि दिखाई नहीं गयी।

पथ प्रेम कि रथ हेम कहीं भी न कुछ बना,
कुछ भी बनी न जब कि बनाई नहीं गयी।

पूँजी लगे न ऐसे कि व्यापार कम नहीं,
पर मुफ़्त कहीं कीर्ति कमाई नहीं गयी।

जब तक कि नहीं स्वर्ण सदृश आग में जली,
माया-प्रसूत काय-निकाई नहीं गयी।

नभ हो कि भूमि व्यर्थ, सदा काय-चदरिया,
छाई नहीं गयी कि बिछाई नहीं गयी।

दिन मोद भरे आह! गये मारते पलक,
पर रात भरी दुःख बिताई नहीं गयी।

घर बैठे भले 'रुद्र' बहुत गाल बजायें,
बाहर ग़ज़ल कि उनकी सुनाई नहीं गयी।

69

जल थल पवन कि वन कि सघन घन पहाड़ में,
बस्ती बसी कि आग वही है उजाड़ में।

वह कौन वस्तु जो कि सरसता विहीन हो,
तिल में न तेल और कि रस क्या न ताड़ में?

रीझी रुझान छिप न सकी शत प्रयत्न से,
लाखों बनाव में न हज़ारों बिगाड़ में।

तेरी झलक कहीं कि मिले इसलिए किए,
मैंने अनेक छिद्र हृदय के किवाड़ में।

जब से कि रोम-रोम लसी उरबसी बसी,
बिजली कड़क रही कि भड़क हाड़-हाड़ में।

कोमल सुशील भाव लजाधुर बहुत रहे,
संकेत रूप भी न प्रकट जा कि आड़ में।

इच्छा यही कि 'रुद्र' महा वह्नि जला दूँ,
संकोच और लाज उभय झोंक भाड़ में।

70

हत्तल न कहो कब न बनी कुछ तरी रही,
मन कब न भरा, आँख नहीं कब भरी रही।

देखा प्रिय-प्रवास, चढ़ी ताव भाव से,
अब तक बता कि मृत्यु कहाँ तू मरी रही।

वरदान भी दिया कि लिया प्राण भी उड़ा,
देवी कि दानवी कि कहीं की परी रही।

अति गुप्त कामना न प्रकट हो सकी कभी,
उपहास-त्रास से कि छिपी सी डरी रही।

मन की कभी कही न व्यथा, मृत्यु बाद भी,
उँगली सदैव ओष्ठ-अधर पर धरी रही।

प्रेमाभियुक्त बन कि हृदय आप बँध गया,
अपराधिनी कुबुद्धि सदा ही बरी रही।

हे 'रुद्र' बिंधे तुम न नयन-बान से कभी,
तुम जिससे फँसे वस्तु कि वह दूसरी रही।

71

अस्पष्ट नष्ट-सी कि सदा प्रीत की प्रतिमा,
परिपूर्ण पराजय न परम जीत की प्रतिमा।

मन्दिर न कौन जिसमें कि प्रतिमा न कहीं हो,
मन भी न कि मन्दिर न कि क्या मीत की प्रतिमा?

माया त्रिगुण्य ताप भरी नाम रूप की,
लगती परन्तु दिव्य गुणातीत की प्रतिमा।

भीषण कि विभीषण कि न क्या रूप मनोहर?
दयनीय कृपा योग्य मगर भीतकी प्रतिमा।

मुझको कि विभा क्या न वसन्ती सदा मिली,
सिहरा न गयी क्या कि कभी शीत की प्रतिमा?

मथकर मनः-समुद्र सदासद विचार ने,
रख दी नवीन नित्य कि नवीनत की प्रतिमा।

आकृति कि शब्द-दत्त, भरे प्राण भाव ने,
स्वर ही प्रकृति कि 'रुद्र' यही गीत की प्रतिमा।

72

यह न समझो कि योग-वादी हूँ,
यह न समझो कि भोगवादी हूँ।

चाव अस्वास्थ्यकर नहीं मेरा,
भाव में मैं न रोगवादी हूँ।

वस्तु कोई कहीं किसी की हो,
मैं सतत सदुपयोगवादी हूँ।

सत्यवादी परम न भी मानो,
पर न सचमुच दरोगवादी हूँ।

मैं नदी-नाव-न्याय की आशा
ले हृदय में सँजोगवादी हूँ।

शुद्ध आनन्दवाद मेरा है,
स्वप्न में भी न सोगवादी हूँ।

और समझो प्रयोगवादी मत,
'रुद्र' मैं विप्रयोगवादी हूँ।

73

अहम स्वभाव अभी या कभी खपा न सके,
कहीं जगह कि इसी हेतु हाय पा न सके।

प्रकट रहस्य न मन का हुआ, न गुप्त रहा!
छिपा सके न उसे या कभी छपा न सके।

तृषार्त घोर लिए मन डगर डगर घूमे,
नगर नगर कि मगर पा कहीं प्रपा न सके।

कभी प्रहर्ष-प्रफुल्लित, कभी दुखी पचके,
शरीर पर कि कभी वस्त्र भी नपा न सके।

यदपि कि अग्नि-शिखाएँ न रूप की थीं कम,
तथापि आँच लगा सर्द दिल तपा न सके।

अथाह चाह रही यह कि बँध कहीं रहते,
परन्तु भोग्य! कभी योग्य जाल पा न सके।

रहीं असंख्य गगन-पूर्ण तारिकाएँ यों,
शशि-विहीन किसी को कि 'रुद्र' पा न सके।

74

खिला है मंजु मानस में हमारे जो कमल शतदल,
रसिक जनके हृदय का तो करेगा ही बदल शतदल।

कुटिल भी और काँटेदार भी देखे सुमन सारे,
कि न्यारे हैं सभी से किन्तु प्यारे ये सरल शतदल।

किसी की जान नरगिस में, लिली पर मुग्ध है कोई,
हमारा सत्य शिव सुन्दर सदा से ही अमल शतदल।

लहर के बीच बढ़ता है कि हरके शीस चटाता है,
पुरानापन न जिसके पास ऐसा यह नवल शतदल।

सभी शृंगार हैं स्थल के चमेली, मालती, बेला,
अकेला कान्तिवाला किन्तु मतवाला सजल शतदल।

खिले हैं नन शतदल-से, वदन है फुल्ल शतदल-सा,
हथेली या कि तलुए या हृदय, हमको सकल शतदल।

यही है मूर्ति मंगल की, यही है पूर्ति सम्बल की,
इसी से 'रुद्र' लाये भेंट में गूँथे ग़ज़ल-शतदल।

75

बूटे ही बनाने में रहे, बेल न आयी,
दुख कौन ज़िन्दगी कि जिसे झेल न आयी।

सिगनल-सा इशारों से झुका नित खड़ा रहा,
पटरी पै कभी रूप की वह रेल न आयी।

मरना तो सहज, दुख तो तभी जबकि ज़िन्दगी,
कुछ खा भी न आयी कि कभी खेल न आयी।

अति स्नेह भरी और स्वयं स्निग्ध तरुणता,
वह कौन, लगा जिसके कि सिर तेल न आयी।

छोटी कि बड़ी और भी तूफान भरी-सी,
आयीं अनेक, किन्तु कभी मेल न आयी।

प्रति दण्ड समय के तो कठिन दण्ड ही मिला,
वह कौन घड़ी जो कि बनी जेल न आयी।

वह बुद्धि परम क्षुद्र कि जो विघ्न अड़ी ले,
हे 'रुद्र' सरल रीति से यदि ठेल आयी।

76

देवी कहूँ तुम्हें कि तुम्हें मैं परी कहूँ,
कह दो तुम्हीं कि क्या मैं तुम्हें सुन्दरी! कहूँ।

मैं कुन्तला कहूँ कि पुकारूँ शकुन्तला,
कदम्ब के नशे में कि कादम्बरी कहूँ।

चित्रा कहूँ, सुमित्रा कि चन्द्रा कि सितारा,
सावित्रि सत्य से तुम्हें अथवा भरी कहूँ।

तुमको वसंतसेना कहूँ या कहूँ अलका,
नव नागरी पुकारूँ कि गुन आगरी कहूँ।

रति रूप में कहूँ कि कहूँ राग में रम्भा,
या तो अमन्द बुद्धि की मन्दोदरी कहूँ।

अपने निराश मन को कहूँ या तुम्हें दृढ़ता,
या स्पर्श की तुम्हारे तुम्हें थरथरा कहूँ।

अच्छा है यही 'रुद्र' तुम्हें जग-समुद्र में,
उतरी गगन से ज्योति की जीवन-तरी कहूँ।

77

भूमि पर पड़ के जो गलता ही रहूँ ओले-सा,
इससे अच्छा कि भभक कर ही जलूँ शोले-सा।

बह गया, रुक न सका फिर तो प्राण का पानी,
फूट जीवन जो फटा फूल कर फफोले-सा।

चक्रधारी तो सभी बनते लक्ष्मी पाकर,
विष जगत का जो पिये कौन है बम भोले-सा।

अपने पैरों से तो चल झोल भी खाना अच्छा,
हाथ में पर के लटकना न भला भोले-सा।

जनका जीवन है विकट इससे न गोली खेलो,
चौंक भागोगे जो फूटेगा कहीं गोले-सा।

प्राण है या कि है पीड़ा कि किसी की स्मृति है,
उठ रहा सीने में रह रह के जो बगोले-सा।

अप्सरा 'रुद्र' कोई जब से कि आ बैठी है,
उड़ रहा मन तो तभी से उड़न-खटोले सा।

78

बरसात की घटा है, हर ओर घिर गयी है
छवि से भरी छटा है, कर शोर घिर गयी है
किसके न सिर गयी है?

बिजली चमक रही है, बादल गरज रहे हैं
तरुणी तमक रही है, बालम बरज रहे हैं
तन कर तरज रहे हैं!

हर फूल के भवन में आँधी सुगन्ध की है
यह डोर-सी पवन में बाँधी सुगन्ध की है
छबि गन्ध से पकी है!

वन मोर नाचते हैं, प्यारे पपीहरे हैं
कर शोर जाँचते हैं, ये मेघ क्या भरे हैं
या व्यर्थ ही घरे हैं?

रस ही बहा रही है, अब सृष्टि सरि-सरों में
बिजली नहा रही है, इन सावनी स्वरों में
अंगार ले करों में।

जामुन भभर पड़ा है, खिलकर कदम्ब फूला
लो, धान भी खड़ा है गतिमान झूल झूला
रस में विराग भूला।

घन-बिज्जु में न जाने क्या बात हो रही है
दिन ही बड़े ठिकाने जो रात हो रही है
बरसात हो रही है।

उन्मन रसाल वन है, कोकिल चहक रहा है
काला पड़ा गगन है, उपवन महक रहा है
अब मन बहक रहा है।

बिजली न लिख गयी क्या कुछ स्वर्ण अक्षरों में
वह ही ख़बर नयी क्या दौड़ी न ले परों में
पावस-परी परों में।

घर भी ढहा करेंगे, नर भी रहा करेंगे
साहस महा करेंगे, सर भर सहा करेंगे
रस में बहा करेंगे।

79

क्या हवा मस्त है बनारस में,
दिल भला किस तरह रहे बस में?

बढ़ घटा आज तो बरसती है,
भूमि जिसके लिए तरसती है।

बन्द है हाट, बाट भी सूना,
और पथ तक समुद्र से दूना।

हर गली में नहर बही जैसे,
हर सड़क हो नदी रही जैसे।

नालियाँ नद बनी उमड़ती हैं,
पटरियाँ टूट-टूट पड़ती हैं।

है न इक्का, कहीं न है ताँगा,
आज अवकाश है बिना माँगा।

आज गायें नज़र नहीं आतीं,
आज दूकान चर नहीं आतीं।

साँड़ भी जो कि पात्र डंडे के,
छिप रहे हैं तले बरडे के।

और रिक्शे उड़न खटोले से,
आज उड़ते न पंख खोले से।

आज श्यामू, शंकर औ घूरे,
दीख पड़ते कहीं न मजदूरे।

वे पड़े आज पी कहीं ताड़ी,
छोड़ घोड़ा कहीं, कहीं गाड़ी।

सुख समेटा लपेट लतों में,
पंछियों का मकान पत्तों में–

आज सरगर्म लो, चहक से है,
फूलका घर भरा महक से है।

बाग-बँगले निहारते हैं वे,
मस्त हो मौज़ मारते हैं वे।

जुल्फ अपनी सँवारते हैं वे,
चन्द्रमुख भी निहारते हैं वे।

पास जिनके अपार पैसा है,
या कि जिनका शिकार पैसा है।

मोर बन वे बहार लेते हैं,
रंग अपना निखार लेते हैं।

तितलियाँ घूमती नशे में हैं,
पुतलियाँ झूमती नशे में हैं।

चींटियाँ और घास के नीचे,
आँख कीड़े तलक पड़े मीचे।

आसरा भीख का जिन्हें बस है,
मिल उन्हें भी रहा बहुत रस है।

जुड़ कहीं आज वे भिखारी भी,
कर रहे भोज की तैयारी भी।

आज दुख दर्द सब उन्हें भूला,
कह रहा लोभ से लटा लूला–

थपथपा चाँद खूब गंजे की,
यार खिचड़ी बने सतंजे की।

बन्द स्कूल हो गयी छुट्टी,
खेल से मेल, काम से कुट्टी।

किन्तु नर कौन जो लिए छाता,
जोड़ किस यार से नया नाता।

छोड़ घर-द्वार और कीचड़ मथ,
चल रहा पथ, यदपि हुआ लथपथ।

हो न हो है करीम चपरासी,
मेम साहब कहीं हुई प्यासी।

बर्फ़ लेने ग़रीब जाता है,
सिर्फ़ दूकान बन्द पाता है।

या कि मारा हज़ार सदमे का,
पैरवीकार है मुक़दमे का।

इस समय भी न चैन पाता है,
कचहरी दौड़ दौड़ जाता है।

डाक का या ग़रीब हरकारा,
फिर रहा है इधर उधर मारा।

या कि अखबार का एडीटर है,
बन्द जिसका कभी न दफतर है।

या कि कंगाल घोर अरसे का,
मास्टर है किसी मदरसे का।

आँख में रंग फूल-फल का है,
पंखुरी-सा दिमाग हलका है।

गन्ध-सा दिल मगर हुआ भारी,
नौकरी वाह! आह! लाचारी।

चौपदा

बुद्धि कुछ अब मुझे भी आई है,
दिव्य दुनियाँ सदा पराई है।

ज़िन्दगी का हिसाब इतना ही,
रूप रुपया है, प्रेम पाई है।

80

यह दिल है, इसको आग कहो तो ठीक, कि यह जलता है
यह दिल है, इसको आब कहो तो ठीक, कि यह गलता है

यह दिल है, इसको बात कहो तो ठीक, कि यह बहता है
यह दिल है, इसको खाक कहो तो ठीक, कि सब सहता है

यह आँख, इसे अंगार कहो तो ठीक, कि यह जलती है
यह आँख, इसे जलधार कहो तो ठीक, कि यह ढलती है

यह आँख, इसे यदि धूल कहो तो ठीक, कड़कती है यह
यह आँख, हवा की हूल कहो तो ठीक, फड़कती है यह

आँख और दिल उभय, कहो तो ठीक, एक रथ पर चलते हैं
आँख और दिल, सभय कहो तो ठीक, एक पथ पर चलते हैं

आँखें रखें हज़ार, कहो तो ठीक, नेक दिल कम होते हैं
होते आँखें चार, कहो तो ठीक, एक दिल कम होते हैं

81

शव-ठाट ठीक-ठीक बनाने से लाभ क्या,
बल-हीन को निर्भीक बनाने से लाभ क्या।

अधरोष्ठ की क्षणार्ध ललाई के लिए ही,
मृदु पान चबा पीक बनाने से लाभ क्या।

बेदाग़ खरा स्वर्ण स्वयं ही सटीक है,
उसको गला के टीक बनाने से लाभ क्या।

पानी ही बहायेगा हवा या उड़ायेगी,
रेती कुरेद लीक बनाने से लाभ क्या।

हल्की बयार में ही जिसे छींक आ रही,
ऐसे को शतानीक बनाने से लाभ क्या।

नभ में पुराने चाँद सितारे बने हैं जब,
तब नित नये प्रतीक बनाने से लाभ क्या।

भाषा परम सरल कि सरस भाव 'रुद्र' हैं,
पोथी तुम्हें सटीक बनाने से लाभ क्या।

82

वह तो आ जायेंगे ही आँख के तर होने तक,
हम उधर होंगे मगर उनके इधर होने तक।

कोटि जीवन के कठिन कष्ट उठाने पड़ते,
नर को मर मर के कई बार अमर होने तक।

पथ के रोड़ों की तो क्या, इस जगह हीरा मानिक,
ठोकरें खाते हैं दर-दर की कदर होने तक।

सब भला ही है कि सीमा के रहे भीतर जो,
लगता वृष-भानु भी विष-सा न प्रखर होने तक।

मन उड़ा जाता है क्यों और कहाँ खग बनकर,
धैर्य क्यों रखता नहीं और भी पर होने तक।

पूछते हैं कि बहाओगे कहाँ तक आँसू,
अपना उत्तर है कि बस मन के सुभर होने तक।

'रुद्र' निज दाह से 'ग़ालिब' का कथन याद आया–
'शमअ हर रंग में जलती है सहर होने तक।'

83

यह भूल लग रही है बड़े ज्ञान की तरह,
वह ठान ठानते हैं अनुष्ठान की तरह।

आये चुभे हृदय में कठिन बान की तरह,
मन से जो गये तन से गये प्रान की तरह।

'सर्वस्व किया होम'–कहा, बोल उठे तब,
जीवन भी दिया हमने न क्या दान की तरह।

भूखे को किया तृप्त पिला रूप का पानी,
भोजन भी कराया है तो जलपान की तरह।

उनका ही तो यश-गीत न क्यों चाव से गाएँ,
गाली भी जिनकी लगती है गुन-गान की तरह।

कोमल थे कला की ही तरह मेरे कलाविद्,
कैसे हुए कठोर कु-विज्ञान की तरह।

शशि भी है इधर और उधर भानु भी भास्वर,
पर तारों बिना नभ तो है मैदान की तरह।

बिजली की लहर बनके ही मिलते जो हो मिलते,
गोदी में लिटा लेते शवस्थान की तरह।

वाणी के झड़ें फूल तो मैं शीस चढ़ाऊँ,
निकले तो 'रुद्र' मुख से वचन गान की तरह।

84

भाती उसे कदापि न भोजन भजन की बात,
जो मन लगा के सुनता है अपने ही मन की बात।

जाते न प्रिय सदन वे कभी जिनसे पवन ही,
कहता है रोम रोम में प्रियके भवन की बात।

लघु दीप ही बहुत हैं सितारों को छोड़ दो,
इस भूमि पर भली तो नहीं है गगन की बात।

अपने ही मन की बात से अवकाश न जिनको,
भौरों से कब वे सुनते हैं वन के सुमन की बात।

कानों में कहाँ शक्ति इसे बूझ जा सकें,
मन मूक समझते हैं सदा से नयन की बात।

यद्यपि कि लाग-डाट भरी भी प्रभूत है,
लगती मधुर तथापि बहुत ही लगन की बात।

अनुरोध प्रास का है कहो 'रुद्र' 'सु-कन्या',
कोई कभी सुनेगी ही तुमसे 'च्यवन' की बात।

85

बैठे-बिठाये मैंने भी क्या आज कर दिया,
अनुनय विनय से हा उन्हें नाराज कर दिया।

झपटा चला गया था भला टेरता यहीं,
मन था बटेर, व्यर्थ उसे बाज कर दिया।

रानी को राजधानी बनायी है पलक में,
उनकी अलक को मैंने जो सिरताज कर दिया।

कहिये भले ही भूल कि रस-मूल के लिए,
पूँजी गँवा के मन की प्रणय ब्याज कर दिया।

मन में चली क्षणार्ध के हित जो बयार थी,
आँधी-सा सजा उसका सरस साज कर दिया।

मैं मूक रहा, कान खड़े उनके हुए क्यों,
शायद कि हृदय ने ही कुछ आवाज़ कर दिया।

कुछ मन्त्र-पाठ के ही बिना ग्रन्थि-ग्रथन का,
लो 'रुद्र' स्वयं मन ने ही शुभ काज कर दिया।

86

जब से कि प्रिये तुमसे मुलाकात हुई है,
हे प्राण! सदा प्राणों से बस बात हुई है।

तारों ने तभी खुल के इशारा मुझे किया,
जब जब भी मेरा दिन है छिपा, रात हुई है।

बिजली-सी गयी कौंध सदा ही वही सूरत,
आँखों में मेरी जब कभी बरसात हुई है।

आते ही होश जोश में मदहोश हो गये,
बाजी इधर बिछी कि उधर मात हुई है।

जलना भी जो अनिवार्य, छिपाना भी बड़ा कार्य,
खुल पाई न पर भावना प्रतिभात हुई है।

कर्ता की कला है जो तरुण मात्र के लिए,
जगती अजीर्ण जीर्ण भी अवदात हुई है।

दिन रात का चक्कर तो सहज, 'रुद्र' दुख यही,
दिन अपना जहाँ पर था वहीं रात हुई है।

87

प्रीति फल दे न सकी यदि तो भला रोना क्या,
और जीवन की तरी अश्रु में डुबोना क्या।

प्रेयसी का तो वदन लोक में आलोक भरा,
रोशनी ऐसी जहाँ उसमें भटक खोना क्या।

चाहिए फिर न मिलन, मन में रहे मूर्ति वही,
रूप में फेर-बदल देख दुखी होना क्या।

विश्व विस्तृत है झलक प्रिय की मिलेगी प्रति थल,
गली का उनको गहे बैठ रहे कोना क्या।

प्रेम से तो है कहीं प्रेम की सुस्मृति बढ़ चढ़,
रत्न पाकर के भी ऐसा अमोल खोना क्या।

प्राणधारी के लिए सब है, मगर जो मुर्दा,
उसका क्या जादू करे और करे टोना क्या।

नेम का पा के अँधेरा तो 'रुद्र' सोये खूब,
प्रेम की ज्योति से जागे तो पुनः सोना क्या।

88

चढ़ती आँधी से भयंकर है उतरती आँधी,
ध्वस्त आ, जा के तो उद्ध्वस्त ही करती आँधी।

साथ बिजली भी सघन घन भी लिए आती है,
आग पानी से भली भाँति सँवरती आँधी।

सिर पै धरती को उठाये-सी लिये जाती है,
चढ़ के आकाश में जब छूट विचरती आँधी।

दीख पड़ते तो हैं दिन ही में दमकते तारे,
धूल आँखों में जगत भर के जो भरती आँधी।

हमको तो आँख के पानी से ही नहीं फुरसत,
व्यर्थ मस्तिष्क में क्यों मेरे है मरती आँधी।

चाह का तीव्र हो तूफान भी निर्भय चलती,
आह की हल्की हवा से भी है डरती आँधी।

'रुद्र' वेतस की तरह भूमि जकड़ कर बैठो,
हाँ, चली जायगी सिर पर से उभरती आँधी।

89

रो न चौधार बचे हँस के ना दो गाल बचे,
बिछुड़ के उनसे हृदय हम बहुत सँभाल बचे।

झलक अलक की मिली, ली पलक झुका मैंने,
सामने जाल रहा किन्तु बाल बाल बचे।

दशा बुरी है बहुत मनके तो वृन्दावन की,
सूख कुछ ताल बचे रूख कुछ तमाल बचे।

ठोकरें खा के तो चितवन की चूर ही होता,
हृदय को हम तो मगर गेंद-सा उछाल बचे।

कभी जो हाल भी पूछा तो कहा-अपनी कहो,
जवाब देने से उलटे ही कर सवाल बचे।

निपात अपना वहाँ पात-पात पर देखा,
किसी तरह तो उछल-कूद डाल डाल बचे।

'रुद्र' तोड़ेंगे कहाँ तक से सृष्टि के घट को,
बने हुए से विधाता जो हैं कुलाल बचे।

90

किसे पता था भला आप की कुचालों का,
पलक अनी का अनोखे कि अलक जालों का।

गली में आपकी देखा है पंक्ति-बद्ध उन्हें,
धँसी है आँख उड़ा रंग जिनके गालों का।

किसे पता कि रतन मन का खो गया मेरा,
लगा के भीड़ खड़ा व्यर्थ दल दलालों का।

पवन के प्रेम में बन के जकड़ जो वृक्ष गये,
अकड़ गया है तभी से शरीर डालों का।

किसी का वार न मुझ पर प्रभाव डाल सका,
निढालपन से लिया काम मैंने ढालों का।

नगर प्रदेश के मेरे अशेष गुण वाले,
जो एक ताल का तब दूसरा तमालों का।

'रुद्र' काशी जो पुरी प्राण-प्रदाताओं की,
लखनऊ भी है नगर जान लेने वालों का।

91

चलने भी न देते हैं त्वरित पैर के काँटे,
पथ पर हैं बहुत बोये हुए गैर के काँटे।

वे तो मलीन क्षण में मगर चिर ये कसकते,
फूलों से भी बढ़ होते सुखद सैर के काँटे।

तट पर तो बहुत देर डटा रहना पड़ेगा,
मछली तो निग़लती है बहुत तैर के काँटे।

काँटे हैं कुटिल बेर के सब लोग कहेंगे,
कहता हूँ कुटिलतम हैं मगर बैर के काँटे।

काबा भी मरुस्थल का हमें फूल ही लगता,
चुभते हैं उनकी आँख में क्यों बैर के काँटे।

गिनकर ही हृदय-छिद्र करो सैर की गिनती,
स्मृति-चिह्न गये छोड़ यही सैर के काँटें।

दो दिन के लिए फूल ही हिल-मिल के खिलाओ,
क्या लाभ भला 'रुद्र' लगा बैर के काँटे।

92

हो शीत में सदैव प्रिये तुम अलाव भी,
डूबे बहें कहीं तो तुम्हीं नव्य नाव भी।

उद्धृत कि घृत करो तुम्हें अधिकार सभी हैं,
हो मुक्ति भी तुम्हीं कि तुम्हीं हो फँसाव भी।

हे देवि! भव्य भाव भरी भव में तुम्हीं हो,
इसकी तुम्हीं अभाव, तुम्हीं हो प्रभाव भी।

रमणी तुम्हीं हो और मरण की मणी तुम्हीं,
हो स्निग्धता तुम्हीं कि तुम्हीं हो तनाव भी।

जननी हो श्रेय-सी कि तुम्हीं प्रेयसी सदा,
शीतल प्रलेप तुम हो तुम्हीं उष्ण घाव भी।

इस प्रेम की गली के लिए गाली निकलती,
आगत यहाँ तो चोर की मूरत है साव भी।

अपना अभाग 'रुद्र' भला क्या कहें कहो,
मन को बिगाड़ता है तुम्हारा बनाव भी।

93

गली में उनकी हृदय काँप-काँप जाता है,
सिर के बल जाता हूँ जैसे कि साँप जाता है।

नयन व मन कि न अपने जिसे समझ पाये,
वही रहस्य जगत शीघ्र भाँप जाता है।

कहाँ से सूर्य का यह तेज सितारों को मिला,
चमक चमक जो पलक पल में ढाँप जाता है।

प्रथम तो मिलता, मिलाता है हाथ, बाद उसके,
वियोग-भार से फिर हाँप हाँप जाता है।

मनुष्य-मन तो है वामन कि तीन ही डग भर,
समग्र स्नेह-जगत नाप नाप जाता है।

बिके सदैव सभी वस्त्र नाप के, नप के,
परन्तु प्रीति का पट बिक अमाप जाता है।

चहक बहक न कभी 'रुद्र' कम रही तुम में,
सभा में किन्तु गला काँप काँप जाता है।

94

अपने काबू में हुआ हाथ नहीं मन जब तक,
औ पराये के रहा बस ही विवश तन जब तक।

सब का कहना तो सदा सहना पड़ेगा ही पर,
हाँ, तभी तक कि कसा जायगा बन्धन जब तक।

फूल भी, आग भी, आलोक भी ले लो मुझसे,
फुलझरी बन के जला जाता है जीवन जब तक।

तज भवन है मुझे बन-बास तभी तक प्यारे,
घोर प्रतिकूल प्रवहमान है पवन जब तक।

आग पानी से पला प्राण पवन पर है टिका,
उसका साधन है बना नित्य निश्वसन जब तक।

साधना लोग बताते हैं यहाँ जीवन को,
सिद्ध मैं हूँ कि यही सिद्धि है साधन जब तक।

रूप के 'रुद्र' पुजारी तो तभी तक तुम हो,
रुपयों की न पड़ी कान ठनाठन जब तक।

95

सपने में भी किसी की सफल प्रीत न होगी,
संसार में सब कुछ हो यही रीत न होगी।

परतीत की भले ही कोई नीति निकल जाय,
तब भी कभी तो नीति की परतीत न होगी।

सुन्दरता कभी प्रेम के बस में न हुई है,
आगे भी कभी नेम से भयभीत न होगी।

फँसना फँसा के जीत की भी हार ही तो है,
फँस के फँसाना हार की क्या जीत न होगी?

लगता है कि बरसात ही देखेंगी अब आँखें,
होगा न कभी ग्रीष्म, कभी शीत न होगी।

तारों ने चन्द्र-हार उतारा है तो प्राची,
ईर्ष्या से लाल, द्वेष से क्यों पीत न होगी?

इस पथ में तो लथपथ ही तुम्हें होना पड़ेगा,
चेतो तो 'रुद्र' कीर्ति भी सुस्फीत न होगी।

96

खा रहा ग़म है मुझे किन्तु करूँ भी तो क्या,
घेरता तम है मुझे किन्तु करूँ भी तो क्या।

दुख दिये आप ने ऋण आप का भारी था यह,
फिर भी वह कम है मुझे किन्तु करूँ भी तो क्या।

हाव से, भाव से, विभ्रम से, परिभ्रम से भी,
घोरतम भ्रम है मुझे किन्तु करूँ भी तो क्या।

हम तो बेदम है पड़े पहले से लेकिन दुनियाँ,
दे रही दम है मुझे किन्तु करूँ भी तो क्या।

तार झंकृत है हुए तन के, तुम्हारी बोली,
शुद्ध सरगम है मुझे किन्तु करूँ भी तो क्या।

अन्य को साथ में ले मिलने का आदेश हुआ,
यह नियम यम है मुझे किन्तु करूँ भी तो क्या।

प्राण तुम पास नहीं यदि तो जगत का कण-कण
'रुद्र' अणुबम है मुझे किन्तु करूँ भी तो क्या।

97

झोंका कहीं से एक जो आया समीर का,
धोखा हुआ कि चोखा हुआ बार तीर का।

कुछ कान में किसी ने कहा रंग उठे कपोल,
जैसे किसी ने रंग लगाया अबीर का।

साथी सुधीर के कि यहाँ तो सभी मिले,
मन तक निजी कि साथ न देता अधीरका।

शीतल नज़र कि बर्फ़-सी ही-तल को छू गयी,
है रोम रोम जल रहा तब से शरीर का।

सरकार में उस रूप की रानी के जो आये,
राजा का भय रहा न रहा डर वजीर का।

अनुरक्त हूँ 'प्रसाद' पर 'तुलसी' का भक्त हूँ,
'ग़ालिब' का समर्थक कि प्रशंसक हूँ 'मीर' का।

हे 'रुद्र' कह दो उनसे रुदन पर न वे हँसें,
पत्थर कभी जवाब नहीं नैन-नीर का।

98

पूछ लेने में ही खता क्या है?
लापता प्राण का पता क्या है?

तू बड़ा ज्ञानवान है यदि तो
मन में मानव के फिर बता क्या है?

देख बस मुख समझ लिया याचक,
ये न पूछा कि माँगता क्या है?

मन को प्रतिक्षण नचा रहा है कौन?
फिर स्वयं तन में नाचता क्यों है?

कौन लिपटा है किसने लिपटाया?
वृक्ष क्या वस्तु है लता क्या है?

खोजता है स्वयं को खो कर क्या?
कुछ पता भी है लापता क्या है?

खुदसती सृष्टि हो रही तो,
'रुद्र' को तब रहा सता क्या है?

(1955)

काव्यानुवाद

गीत गोविन्द

गीत गोविन्द

॥श्रीः॥

॥ [1]प्रथम सर्ग ॥

मेघैर्मेदुरमंबरं वनभुवः श्यामास्तमालद्रुमै-
नेक्तं भीरुरयं त्वमेव तदिमं राधे गृहं प्रापय।
इत्थं नन्दनिदेशतश्चलितयोः प्रत्यध्वकुञ्जद्रुमं
राधामाधवयोर्जयन्ति यमुनाकूले रहःकेलयः॥1॥
वाग्देवताचरितचित्रितचितसद्मा पद्मावतीचरणचारणचक्रवर्ती।
श्रीवासुदेवरतिकेलिकथासमेतमेतं करोति जयदेवकविः प्रबन्धम्॥2॥
यदि हरिस्मरणे सरसं मनो यदि विलासकलासु कुतूहलम्।
मधुरकोमलकान्तपदावलिं श्रृणु तदा जयदेवसरस्वतीम्॥3॥

मंगलाचरण

मेघों से नभ है घिरा, वन-धरा काली तमालावृता
है होता यह भीत रात, घर को ले जा इसे राधिके!
पा यों नन्द-निदेश जो चल पड़े कुञ्जों-द्रुमों हो उन्हीं
राधा-माधव का विलास यमुना-कूलस्थ उत्कृष्ट हो।।1।।
सारस्वती-चरित-पूरित चित्तवाले पद्मावती-पद-प्रबुद्धक श्रेष्ठ हैं जो।
श्रीकृष्ण की कलित केलि-कथा उठाके है काव्य रोचक रचा जयदेवजी ने।।2।।
मन रमे यदि कृष्ण-प्रसंग में, यदि कुतूहल हो रस-रंग में।
तब सुनो जयदेव सुना रहे, मधुर कोमल-कान्त-पदावली।।3।।

---

1. 'गीत गोविन्द' की कुछ प्रतियों में यह सर्ग मंगलाचरण शीर्षक के अन्तर्गत है। आर.डब्ल्यू. फ्रेजर ने 'भारत का साहित्यिक इतिहास' (ए लिटरेरी हिस्टरी औफ़ इंडिया) नामक अपनी पोथी में गीतगोविन्द का उल्लेख करते हुए इस स्थल के प्रसंग में लिखा है—'दि पोयम ओपेन्स विद दि कस्टमरी रेवरेन्स टु गणेश, दि डीटी औफ़ औल गुड ऐफर्ट्स।' (यह कविता गणेशजी की स्तुति के साथ प्रारम्भ होती है जो प्रत्येक मंगल कार्य के अधिष्ठातृ देवता हैं।) प्रतीत होता है, कि उन्हें जो प्रति मिली थी उसमें या तो गणेश-स्तुतिपरक कोई श्लोक था या 'श्रीगणेशाय नमः' लिखा था।)

[1]**वाचः पल्लवयत्युमापतिधरः सन्दर्भशुद्धिं गिरां**
जानीते जयदेव एव शरणः श्लाघ्यो दुरूहद्रुतेः।
शृङ्गारोत्तरसत्प्रमेयरचनैराचार्यगोवर्द्धन-
स्पर्द्धी कोऽपि न विश्रुतः श्रुतिधरो धोयी कविक्ष्मापतिः॥4॥

वाणी के विकास में प्रकाश जिसका है सिद्ध
परम प्रसिद्ध कवि वह ही उमापति है।
क्लिष्ट-क्लिष्ट बरन दुरूह छन्द-बन्द के तो
निशिदिन चरण शरण की हुई रति है।
कवि आदि रस के विलक्षण गोवर्द्धन जी
धोयी की श्रवण से ग्रहण में बड़ी मति है।
सुन्दर सन्दर्भ साज-शब्द अर्थ संगति में
बनकर समर्थ जयदेव की ही गति है।।4।।

मालवरागे रूपकताले अष्टपदी।।1।।

प्रलयपयोधिजले धृतवानसि वेदम्। विहितवहित्रचरित्रमखेदम्।
केशव धृतमीनशरीर जय जगदीश हरे।ध्रुव0।।1।।
क्षितिरतिविपुलतरे तव तिष्ठति पृष्ठे। धरणिधरणकिणचक्रगरिष्ठे।
केशव धृतंकच्छपरूप जय जगदीश हरे।।2।।
वसति दशनशिखरे धरणी तव लग्ना। शशिनि कलंककलेव निमग्ना।
केशव धृतशूकररूप जय जगदीश हरे।।3।।
तव करकमलवरे नखमद्भुतशृंगम्। दलितहिरण्यकशिपुतनुभृंगम्।
केशव धृतनरहरिरूप जय जगदीश हरे।।4।।
छलयसि विक्रमणे बलिमद्भुतवामन। पदनखनीरजनितजनपावन।
केशव धृतवामनरूप जय जगदीश हरे।।5।।
क्षत्रियरुधिरमये जगदपगतपापं। स्नपयसि पयसि शमितभवतापम्।
केशव धृतभृगुपतिरूप जय जगदीश हरे।।6।।
वितरसि दिक्षु रणे दिक्पतिकमनीयम्। दशमुखमौलिबलिं रमणीयम्।
केशव धृत[2]रामशरीर जय जगदीश हरे।।7।।

---

1. कुछ विद्वानों के मतानुसार यह श्लोक जयदेव-कृत नहीं है। अतः वे इसे प्रक्षिप्त मानते हैं। इस श्लोक पर टीका करते हुए कुम्भकर्ण महेन्द्र अर्थात् राणा कुम्भा ने अपनी रसिकप्रिया टीका में 1. उमापतिधर, 2. शरण, 3. गोवर्धन, 4. श्रुतिधर, 5. धोयी और 6. जयदेव ये छह कवि माने हैं परन्तु शङ्कर मिश्र ने अपनी रसिक-प्रिया टीका में श्रुतिधर को धोयी का विशेषण माना है। ए.बी. कीथ भी शङ्कर मिश्र से सहमत हैं। साथ ही अनेक प्राचीन प्रतियों में प्रस्तुत समूचा सर्ग ही मङ्गलाचरण और भूमिका है।)
2. 'धृतरघुपतिरूप' पाठान्तर।।

वहसि वपुषि विशदे वसनं जलदाभम्। हलहतिभीतिमिलितयमुनाभम्।
केशव धृतहलधररूप जय जगदीश हरे।।8।।
निन्दसि यज्ञविधेरहह श्रुतिजातम्। सदयहृदयदर्शितपशुघातम्।
केशव धृतबुद्धशरीर जय जगदीश हरे।।9।।
म्लेच्छनिवहनिधने कलयसि करवालम्। धूमकेतुमिव किमपि करालम्।
केशव धृतकल्किशरीर जय जगदीश हरे।।10।।
श्रीजयदेवकवेरिदमुदितमुदारम्। शृणु शुभदं सुखदं भवसारम्।
केशव धृतदशविधरूप जय जगदीश हरे।।11।।

प्रलय सिन्धु से वेद उबारे, वेश अक्लेश पोत का धारे,
केशव मीन-शरीर धरे।
जय जगदीश हरे।।1।।

घट्ठे पड़े पीठ पर आकर, बार-बार भू-भार उठाकर।।
केशव कच्छप-रूप धरे।
जय जगदीश हरे।।2।।

लगा दाँत पर भूमि पंक यों, शशि में शोभित हो कलंक ज्यों,
केशव शूकर-रूप धरे।
जय जगदीश हरे।।3।।

अद्भुत नखयुत पाणि-कोकनद, फाड़ हिरण्यकशिपु-तन-षट्पद,
केशव नरहरि-रूप धरे!
जय जगदीश हरे।।4।।

पद-नख-निर्गत जल जगपावन, बलि को छल त्रिभुवन कर धावन,
केशव वामन-रूप धरे!
जय जगदीश हरे।।5।।

शमित-ताप कर भव को फिर से, नहलाया था क्षत्र-रुधिर से,
केशव भृगुपति-रूप धरे।
जय जगदीश हरे।।6।।

दी रण-दिशिपों को बलि वांछित, कर दशमुख के दस सिर वितरित,
केशव रघुपति-रूप धरे!
जय जगदीश हरे।।7।।

तन पर वसन यथा जलदाभा, हल से भीत खिंची यमुनाभा,
केशव हलधर-रूप धरे।
जय जगदीश हरे।।8।।

पशुवध देख सदय हो सादर, कर श्रुतिसम्मत यज्ञ निरादर,
केशव बुद्ध-शरीर धरे।
जय जगदीश हरे।।9।।

म्लेच्छ-मेधहित असि चमका ली, धूमकेतु-सी कठिन कराली,
केशव कल्कि-स्वरूप धरे!
जय जगदीश हरे।।10।।

श्री जयदेव वचन वर सुन्दर, सुखद शुभद भवसार श्रवण कर,
केशव दशविध रूप धरे!
जय जगदीश हरे।।11।।

वेदानुद्धरते जगन्ति वहते भूगोलमुद्बिभ्रते
दैत्यान्दारयते बलिं छलयते क्षत्रक्षयं कुर्वते।
पौलस्त्यं जयते हलं कलयते कारुण्यमातन्वते
म्लेच्छान् मूर्च्छयते दशाकृतिकृते कृष्णाय तुभ्यं नमः।।5।।
वेदोद्धारक मीन कच्छप तथा भूगोलधारी तुम्हें
दैत्योत्पाटक और हे बलि-छली, क्रोधी कुठारी तुम्हें।
हे म्लेच्छघ्न प्रबुद्ध बुद्ध मुषली, हे रावणारी तुम्हें
हे धारी दश रूप के, नमन है मेरा मुरारी तुम्हें।।5।।

श्रि[1]तकमलाकुचमंडल धृतकुंडल ए।
कलितललितवनमाल जय जय देव हरे।।ध्रु0।।1।।
दिनमणिमंडलमण्डन भवखंडन ए।
मुनिजनमानसहंस जय जय देव हरे।।2।।
कालियविषधरगंजन जनरंजन ए।
यदुकुलनलिनदिनेश जय जय देव हरे।।3।।
मधुमुरनरकविनाशन गरुडासन ए।
सुरकुलकेलिनिदान जय जय देव हरे।।4।।
अमलकमलदललोचन भवमोचन ए।
त्रिभुवनभवननिधान[2] जय जय देव हरे।।5।।
जनकसुताकृतभूषण जितदूषण ए।
समरशमितदशकंठ जय जय देव हरे।।6।।
अभिनवजलधर सुन्दर धृतमंदर ए।
श्रीमुखचंद्रचकोर जय जय देव हरे।।7।।
तव चरणे प्रणता वयमिति भावय ए।
कुरु कुशलं प्रणतेषु जय जय देव हरे।।8।।
श्रीजयदेवकवेरिदं कुरुते मुदम्।
मंगलमुज्ज्वलगीतं जय जय देव हरे।।9।।

---

1. 'धृत' भी पाठ है।
2. 'त्रिभुवनभवननिदान' भी पाठ है।

कर-कमलाकुचमंडल कलकुंडल रे, कलितललित वनमाल,

जय जय देव हरे।।1।।

दिनमणिमंडलमंडन भवखंडन रे, मुनिमानस-सुमराल, जय जय देव हरे।।2।।

काली-विषधर-गंजन जनरंजन रे! यदु-कुल-नलिन-दिनेश! जय0।।3।।

मधु-मुर-नरकविनाशन गरुडासन रे, सुरकुलसौख्यनिवेश! जय0।।4।।

अमल कमलदल-लोचन, भवमोचन रे, त्रिभुवनभवननिधान! जय0।।5।।

सीतारूप-प्रसाधक हतदूषण रे, रावणनिधन-विधान! जय0।।6।।

अभिनव जलधर सुन्दर धर मंदर रे, श्रीमुखचंद्र-चकोर! जय0।।7।।

हम सब तव चण प्रणत अब अविचल रे, कर दो क्षेम अथोर! जय0।।8।।

श्रीजयदेव रचित मुदप्रद अतिमंगल रे, जो गाता शुचि गान।। जय0।।

उभय लोक वह सुख पाता अविचल रे, और हर्ष अम्लान। जय0।।9।।

पद्मापयोधरतटीपरिरम्भलग्नकाश्मीरमुद्रितमुरो मधुसूदनस्य।

व्यक्तानुरागमिव खेलदनंङ्गखेदस्वेदाम्बुपूरमनुपूरयतु प्रियं वः॥6॥

पद्मा-पयोधर लगा हिय से बसे जो, होके पृथक् हृदय-केसर से लसे जो।

स्वेदाभिषिक्त उनकी छवि शंप्रदा हो, वक्षःस्थली शुभकरी हरि की सदा हो।।6।।

*

सामोद दामोदर

प्रथम सर्ग

वसंते वासंतीकुसुमसुकुमारैरवयवै-

भ्रमंतीं कान्तारे बहुविहितकृष्णानुसरणाम्।

अमन्दं कन्दर्पज्वरजनितचिन्ताकुलतया

चलद्बाधां राधां[1] सरसमिदमृचे सहचरी।।7।।

वसंतरागे रूपकताले अष्टपदी 3.

ललितलवंगलतापरिशीलनकोमलमलयसमीरे।

मधुकरनिकरकरम्बितकोकिलकूजितकुंजकुटीरे।।1।।

विहरति हरिरिह सरसवसंते।।

नृत्यति युवतिजनेन समं सखि विरहिजनस्य दुरंते।।ध्रुव0।।

उन्मदमदनमनोरथपथिकवधूजनजनितविलापे।

अलिकुलसंकुलकुसुम[2] समूहनिराकुलबकुलकलापे।।2।।

---

1. 'वलद्बाधां' पाठान्तर।।

2. 'सुमनसमूह' पाठभेद।।

मृगमदसौरभरभसवशंवदनवदलमालतमाले।
युवजनहृदयविदारणमनसिजनखरुचिकिंशुकजाले।।3।।
मदनमहीपतिकनकदंडरुचिकेशरकुसुमविकासे।
मिलितशिलीमुखपाटलिपट[1]लकृतस्मरतूणविलासे।।4।।
विगलितलज्जितजगदव[2]लोकनतरुणकरुणकृतहासे।
विरहिनिकृन्तनुकुन्तमुखाकृतिकेतकिदन्तुरिताशे।।5।।
माधविकापरिमलललिते वनमालिकयातिसुगन्धौ।
मुनिमनसामपि मोहनकारिणि तरुणाकारणबन्धौ।।6।।
स्फुरदतिमुक्तलतापरिरम्भणमुकुलितपुलकितचूते।
वृन्दावनविपिने परिसरपरिगतयमुनाजलपूते।।7।।
श्रीजयदेवभणितमिदमुदयति हरिचरणस्मृतिसारम्।
सरसवसन्तसमयवनवर्णनमनुगतमदनविकारम्।।8।।
दरविदलि[3]तमल्लो वल्लिचञ्चत्परागप्रकटितपटवासैर्वासयन्काननानि।
इहहि दहति चेतः केतकीगन्धबन्धुः प्रसरदसमबाणः प्राणवद्गन्धवाहः।।8।।

वसन्ती शोभा में कलित कुसुमों से वन भरा
वहीं पाके कामज्वर प्रखर चिन्ता, मन भरा।
मुरारी के पीछे वन-वन फिरी धीर न धरी
जभी राधारानी, तब वचन बोली सहचरी।।7।।
ललित लवंग लता आलिंगित मलय-समीर बहा रे!
मधुकर निकर सुकूजित पिकवर कुञ्ज कुटीर रहा रे।।1।।
माधव मधुरितु मुदित विचरते।
नाच रहे तरुणी-जनके सँग, सखि विरही मन मरते!
प्रमदा परदेसी की उन्मद मदन मनोरथ विलपे।
व्याकुल बकुल अखिल अलिकुल से हो परमाकुल कलपे।।2।।
नव दल माल तमाल विकसित मृगमद-सुरभित वन रे।
किंशुक-जाल विदारित मनसिज-नख विरही जन-मन रे।।3।।
मीनकेतुके कनक-दण्ड-सा केसर-कलित प्रसून।
पाटल-पटल शिलीमुख-शोभित मानो मन्मथ-तून।।4।।
सुमन विकास व्याज से लज्जित लोक-विलोक बिखरते।
केतकि-कुसुम कुन्त बन विरही जन-मन वेधन करते।।5।।
मंजु मल्लिका नवल माधवी परिमल नवल प्रसारण।
मुनि-मन-मोहन-कारिणि मधुश्री तरुण-बंधु बिन कारण।।6।।

1. 'पाटल' पाठभेद।।
2. 'अवलोकितकरुण' पाठभेद।।
3. 'दरविगलित' पाठान्तर।

सरस रसालालिंगित माधवि मुकुलित पुलकित मोहे।
विमल जमुन-जल माधव-मज्जन कर वृन्दावन सोहे।।7।।
गोपी-वल्लभ चरण स्मरण कर श्रीजयदेवक गाते।
सरस बसन्त समय वन-वर्णन मदनविकार सुनाते।।8।।
कुछ मुकुलित मल्ली वल्लरी से झरा जो
वह सुरज समेटे लो वनामोद लाता।
मनसिज असु सा ही केतकी गंधवाही
पवन बह, कलेजा आज हा हा जलाता।।8।।

उन्मीलन्मधुगंधलुब्धमधुपव्याधूतचूतांकुर-
क्रीडत्कोकिलकाकलीकलकलैरुद्गीर्णकर्णज्वराः।
नीयन्ते पथिकैः कथं कथमपि ध्यानावधानक्षण-
प्राप्तप्राणसमा समागमरसोल्लासैरमी वासराः॥9॥[1]

हैं भौंरे मधु गंध लुब्ध झपटे डाली रसाली हिली,
क्रीडा चंचल कोकिला ध्वनि भरी है कर्ण-पीड़ा मिली।
ऐसे भी दिन पान्थ के कट रहे ज्यों-ज्यों उसी ध्यान में,
जो बीते दिन हैं प्रिया सँग कभी आनन्द अम्लान में।।9।।

अनेकनारीपरिरम्भसंभ्रमस्फुरन्मनोहारिविलासलालसम्।
मुरारिमारादुपदर्शयन्त्यसौ सखी समक्षं पुनराह राधिकाम्॥10॥

अनेक नारी परिरम्भ लालसा भरे मुरारी जब थे कहीं चले।
उन्हें दिखाती सखि ने समीप ही कहा लली से वृषभानु की पुनः।।10।।

रामकरीरागे रूपकताले अष्टपदी।।4।।

चन्दनचर्चितनीलकलेवरपीतवसनवनमाली।
केलिचलन्मणि-कुंडलमण्डितगण्डयुगस्मितशाली।।1।।
हरिरिह मुग्धवधूनिकरे।
विलासिनि विलसति केलिपरे। ध्रुवपद।।
पीनपयोधरभारभरेण हरिं परिरभ्य सरागम्।
गोपवधूरनुगायति काचिदुदंचितपञ्चमरागम्।।2।।
कापि विलासविलोलविलोचनखेलनजनित-मनोजम्।
ध्यायति मुग्धवधूरधिकम्, मधुसूदनवदनसरोजम्।।3।।
कापि कपोलतले मिलिता लपितुं किमपि श्रुतिमूले।
चारु[2] चुचुम्ब नितम्बवती दयितं पुलकैरनुकूले।।4।।

---

1. विश्वनाथ कविराज ने 'साहित्यदर्पण' के दसवें परिच्छेद में इस श्लोक को वृत्त्यनुप्रास के उदाहरण में उद्धृत किया है।
2. 'कापि' चुचुम्ब पाठान्तर।

केलिकलाकुतुकेन च कादिचमुं यमुनाजलकूले।
मंजुल-वंजुलकुञ्जगतं विचकर्ष करेण दुकूले।।5।।
करतलतालतरलवलयावलिकलितकलस्वनवंशे।
रासरसे सह नृत्यपरा हरिणा युवतिः प्रशशंसे।।6।।
श्लिष्यति कामपि चुम्बति कामपि रमयति कामपि रामाम्।
पश्यति सस्मित-चारुपरामपरामनुगच्छति वामाम्।।7।।
श्रीजयदेवकवेरिदमद्भुतकेशवकेलि-रहस्यम्।
वृन्दावनविपिने ललितं वितनोतु शुभानि यशस्यम्।।8।।
चन्दन चर्चित नील कलेवर पीत वसन वनमाली।
चंचल मणियुत कुंडल विलसित कलकपोलस्मितशाली।।1।।
यह हरि मुग्धवधू-मंडल के संग रंग-रत आली!
हरिका कर सप्रेम आलिंगन पीन पयोधर-वाली,
पंचम स्वर को साध गा रही गोपांगना निराली।।2।।
कोई कामपीड़िता ललना लोल विलोचनवाली।
हरि का बदन-सरोज निरखती हो अतिशय मतवाली।।3।
कानों में कुछ कहने के छल से जा रमणी कोई।
चूम रही माधव के मुख को पल-पल पुलक समोई।।4।।
केलिकला आतुर हो कोई यमुना जी के तट पर।
मंजु बेतसी-कुंज ओर खींचती कृष्ण पीतांबर।।5।।
कोई हुई प्रशंसित हरि से, उनसे रास रचा के।
वंशी ध्वनि में मिला दिया कंकण स्वर ताल मिला के।।6।।
चुम्बन कर आलिंगन करके केलि किसी से आली।
मन्द स्मित से देख किसी को है जाते बनमाली।।7।।
कृत जयदेव कृष्ण की अद्भुत गुप्त केलि की लीला।
हो कल्याणकारिणी भगतों के हित यह यशशीला।।8।।

विश्वेषामनुरंजनेन जनयननानन्दमिंदीवर-
श्रेणीश्यामलकोमलै रूपनयन्नंगैरनंगोत्सवम्।
स्वच्छन्दव्रजसुन्दरीभिरभितः प्रत्यंगमालिंगितः
शृंगारः सखि मूर्तिमानिव मधौ मुग्धो हरिः क्रीडति।।11।।

होके रंजित आप भी जगत को आनन्द देते हुए
नीले कंज समान अंग मृदु से प्रोत्साह दे काम को
चारों ओर व्रजांगना दल लिये सर्वांग से भेंटते।
हैं क्रीडारत कृष्ण मुग्ध मधु में हो मूर्त शृङ्गार ही।।11।।

1. 'नित्यसंग' अथवा 'अद्युत्संग' दोनों पाठभेद।

[1]अद्योत्सङ्गवसद्भुजङ्गकवलक्लेशादिवेशाच[2]लत्
प्रालेयप्लवनेच्छयानुसरति श्रीखंडशैलानिलः।
किंचित्स्निग्धरसालमौलिमुकुलान्यालोक्य हर्षोदयाद्-
उदुन्मीलन्ति कुहूः कुहूरिति मुहुस्ताराः पिकानां गिरः।।12।।[2]
सर्पों के मुख में प्रवेश-दुख से श्रीशैल का वायु भी
जाता उत्तर में हिमाचल चला ले शीत की कामना।
पाके स्निग्ध रसाल डाल पर भी फूली हुई मंजरी
गाती आज कुहू कुहू स्वर सधी आमोद से कोकिला।।12।।

रासोल्लासभरेण विभ्रमभृतामाभीरवामभ्रुवां-
अभ्यर्णे परिरभ्य निर्भरमुरः प्रेमान्धया राधया।
साधु त्वद्वदनं सुधामयमिति व्याहृत्य गीतस्तुति-
व्याजादुद्भटचुम्बितः स्मितमनोहारी हरिः पातु वः।।13।।
इति श्रीगीतगोविन्दे सामोददामोदरोनाम प्रथमः सर्गः।।1।।
रासोल्लास तथा च विभ्रमभरी प्रेमान्ध हो राधिका-
ने चूमा हरि को, कहा मुख-सुधा से युक्त प्यारे! अहा
राधा की यह देख के चतुरता गोपाङ्गना मध्य में
जो आमोदित हो हँसे मृदु हँसी, वे कृष्ण रक्षा करें।।13।।

।।प्रथम सर्ग सम्पूर्ण।।

गीत गोविन्द
।। द्वितीय सर्ग ।।

विहरति वने राधा साधारणप्रणये हरौ
विगलितनिजोत्कर्षादीर्ष्यावशेन गतान्यतः।
क्वचिदपि लताकुंजे गुञ्जन्मधुव्रतमंडली-
मुखरशिखरे लीना दीनाप्युवाच रहः सखीम्।।1।।
गुर्जररागे रूपकताले अष्टपदी।।1।।
संचरदधरसुधामधुरध्वनिमुखरितमोहनवंशम्।
चलितदृगंचलचंचलमौलिकपोलविलोलवतंसम्।

1. 'वेशाचलं' पाठान्तर।
2. बम्बई के निर्णयसागर प्रेस द्वारा प्रकाशित शङ्करमिश्र की रसमंजरी टीका में यह श्लोक नहीं है। उसके स्थान पर प्रकाशक की यह टिप्पणी है कि 'इदं पद्यं रसमंजरीव्याख्याकृता न टीकितं तही कालेखादि प्रमादात भग्नं वेति नावगम्यते।' अर्थात् रसमंजरी टीकाकार ने इस पर टीका नहीं की अथवा वह अंश नष्ट हो गया है, यह ठीक नहीं कहा जा सकता।

रासे हरिमिह विहितविलासं
स्मरति मनो मम कृतपरिहासम् ।।ध्रु0।।1।।

चन्द्रकचारुमयूरशिखंडकमंडलवलयितकेशम्।।
प्रचुरपुरन्दरधनुरनुरंजितमेदुरमुदिरसुबेशम्।।रासे0।।2।।

गोपकदम्बनितम्बवतीमुखचुम्बनलम्बितलोभम्।।
बन्धुजीवमधुराधरपल्लवमुल्लसितस्मितशोभम्।।रासे0।।3।।

विपुलपुलकभुजपल्लववलयितवल्लवयुवतिसहस्रम्।।
करचरणोरसि मणि[1]गणभूषणकिरणविभिन्नमिस्रम्।।रासे0।।4।।
जलदपटलच[2]लदिन्दुविनिन्दकचन्दनतिलकललाटम्।।
पीनपयोधरपरिसरमर्दननिर्दयहृदयकपाटम्।।रासे0।।5।।
मणिमयमकरमनोहरकुंडलमण्डितगण्डमुदारम्।।
पीतवसनमनुगतमुनिमनुजसुरासुरवरपरिवारम्।।रासे0।।6।।
विशदकदम्बतले मिलितं कलिकलुषभयं शमयन्तम्।।
मामपि किमपि तरंगदनंगदृशा मनसा रमयन्तम्।।रासे0।।7।।
श्रीजयदेवभणितमतिसुन्दरमोहनमधुरिपुरूम्।।
हरिचरणस्मरणं प्रति संप्रति पुण्यवतामनुरूपम्।।रासे0।।8।।

दूसरा सर्ग

(अक्लेश केशव)

प्रीति समान सभी से जिन्हें उन श्याम को घेर के गोपिका टोली,
बैठ रही बन में यह देख, दुखी मन में हुई राधिका भोली।
मान इसे अपना अपमान महा भर मत्सर सत्वर डोली,
भृङ्ग-सुगुञ्जित कुञ्ज में जाकर व्याकुल हो निज आलि से बोली।।
वंशी-स्वर में अधर-सुधा से बढ़ जो रस सरसाते,
ललित दृगंचल चंचल सिर-कर कुंडल कलित हिलाते,
रास विलास हास से पूरित,
उन माधव को चाह रहा चित।।1।।

1. 'मणिमयभूषण' पाठान्तर।
2. 'बलबिन्दु' पाठान्तर।

कुंचित-केश कलाप-कलापी पुच्छ-सदृश छविवाले,
प्रचुर पुरन्दर-धनु अनुरंजित धन की कान्ति सँभाले-
रास विलास हास से पूरित,
उन माधव को चाह रहा चित।।2।।

गोपी-मुख-चुम्बन-लोलुपता जिन के हृदय बसी है,
दुपहरिया के फूल सदृश मधुराधर लसित हँसी है,
रास विलास हास से पूरित
उन माधव को चाह रहा चित।।3।।

विपुल पुलकयुत भुज में तरुणीजन को जो हैं भरते
उर-कर-पग-मणि-किरण-जाल से तम विनष्ट जो करते
रास विलास हास से पूरित
उन माधव को चाह रहा चित।।4।।

चन्दन-विन्दु भाल का जिसका धन में इन्दु लजाता
पीन पयोधर के मर्दन से हिय कठोरता पाता
रास विलास हास से पूरित
उन माधव को चाह रहा चित।।5।।

कल कपोल मणि-मकर मनोहर लसित कान्ति है भरता
पीत वसन मुनि मनुज सुरासुर है सबका मन हरता
रास विलास हास से पूरित
उन माधव को चाह रहा चित।।6।।

कलित कदम्ब तले मिल कलि का कलुष दूर जो करते
नयन-निकोच सुरति-सुख रस से जो मेरा मन भरते
रास विलास हास से पूरित
उन माधव को चाह रहा चित।।7।।

श्री जयदेव-कथित मधुरिपु-वपु शोभा सुख सरसाए
पुण्यजनों को सम्प्रति हरि का चरण-स्मरण कराए
रास विलास हास से पूरित
उन माधव को चाह रहा चित।।8।।

(हरिणी)

गणयति गुणग्रामं भ्रामं भ्रमादपि नेहते
वहति च परीतोष दोषं विमुञ्चति दूरतः।
युवतिषु चल[1]तृष्णे कृष्णे विहारिणि मां विना
पुनरपि मनो वामं करोमि किम्।।2।।

---

1. 'वलतृ'।

मालवरागेण एकतालीताले-अष्टपदी।।2

निभृतनिकुंञ्जगृहं गतया निशि रहसि निलीय वसन्तम्।
चलितविलोकितसकलदिशा रतिरभ[1]सभरेण हसन्तम्।
सखिं हे केशीमथनमुदारम्।
रमय मया सह मदनमनोरथभावितया सहकारम्।।
प्रथमसमागमलज्जितया पाटुचाटुशतैरनुकूलम्।
मृदुमधुरस्मितभाषितया शिथिलीकृतजघनदुकूलम्।।2।।
किसलयशयननिवेशितया चिरमुरसि ममैव शयानम्।।
कृतपरिरम्भणचुम्बनया परिरभ्य कृताधरपानम्।।3।।
अलसनिमीलितलोचनया पुलकावलि ललितकपोलम्।।
श्रमजलसिक्तकलेवरया[2] वरमदनमदादतिलोलम्।।4।।
कोकिलकलरवकूजितया जितमनसिजतन्त्रविचारम्।।
श्लथकुसुमाकुलकुन्तलया नखलिखितघनस्तनभारम्।।5।।
चरणरणितमणिनूपुरया परिपूरितसुरतवितानम्।।
मुखविशृङ्खलमेखलया सकचग्रहचुम्बनदानम्।।6।।
रतिसुखसमयरसालसया दरमुकुलितनयनसरोजम्।।
निःसहनिपतितनुलतया मधुसूदनमुदितमनोजम्।।7।।
श्रीजयदेवभणितमिदमतिशयमधुरिपुनिधुवनशीलम्।।
सुखमुत्कंठितराधिकया[3] कथित वितनोतु सलीलम्।।8।।

(रोला)

नित गिनता गुण-ग्राम, नाम उनका ही लेता,
पाता है परितोष, दोष पर ध्यान न देता।
युवति-जनों में हैं सतृष्ण श्रीकृष्ण मुझे तज,
फिर भी मेरा हृदय रहा हा! उनको ही भज।।2।।

(अष्टपदी)

देखा चकित चतुर्दिक् निशि में आली! जा जब कुञ्जभवन में
रति के रसोत्कर्ष-वश हँसते बैठे जो हरि सूनेपन में
उन केशी-वधकारी को0।
मदन-व्यथित हूँ अलि! मिला दे मुझे अब बनवारी को।।1।।

---

1. 'रभसरसेन'।
2. 'श्रमजलसकलकलेवरया' ऐसे भी पाठ हैं।
3. 'सुखमुत्कठित गोपवधूकथित'।

प्रथम समागम में लज्जित हो मैं करती थी बात रसीली
मधुर स्मित से मुझसे बोले जो कर गाँठ वस्त्र की ढीली
उन केशी-वधकारी को0।।2।।

नव किसलय से रचित सेज चढ़ जो सोए आ मेरे उर पर
आलिंगन कर चुम्बन के मिस पान किया मेरा अधराधर
उन केशी-वधकारी को0।।3।।

अलस-निमीलित लोचन जिनके पुलकित जिनके हैं कपोल कल
श्रमजल-सिक्त कलेवर वाले काम-भाव से जो अति चंचल
उन केशी-वधकारी को0।।4।।

कोकिल के मृदु-स्वरवाली मैं मेरे श्लथ कुसुमाकुल कुन्तल
कामशास्त्र के जिन पंडित से चित्रित मेरा पुष्ट उरस्थल
उन केशी-वधकारी को0।।5।।

मम मेखला विश्रृंखल बजती मणिनूपुर करते हैं झनझन
उधर श्याम जो काम कलाविद् केश ग्रहण कर करते चुम्बन
उन केशी-वधकारी को0।।6।।

रति सुख समय जनित रस के बस पुष्पसेज पर वल्लरि-सा तन
मेरा अर्द्ध निमीलित लोचन उधर कामवश जो मधुसूदन
उन केशी-वधकारी को0।।7।।

श्रीजयदेव-कथित यह अतिशय मधुरिपु की जो रति की माया
सुख दे सब को उत्कण्ठित हो राधा जी ने जो कुछ गाया
उन केशी-वधकारी को

मदन-व्यथित हूँ आलि! मिला दे मुझसे अब बनवारी को।।8।।

हस्तस्रस्तविलासवंशमनृजुभ्रूवल्लिमद्बल्लवी
वृन्दोत्सारिदृगंतवीक्षितमतिस्वेदार्द्रगण्डस्थलम्।
मामुद्वीक्ष्य विलज्जितं स्मितसुधामुग्धाननं कानने
गोविन्दं व्रजसुन्दरीगणवृतं पश्यामि[1] हृष्यामि च।।3।।

हाथों से जिनके गिरी लकुट औ' वंशी मुझे देख के
लज्जायुक्त हुए, कपोल पर से प्रस्वेद-धारा बही।
वृन्दारण्य बसे, लसीं कुटिल भौं ले गोपिकाएँ जहाँ
नेत्र स्पर्श किए मुझे यह छटा है हर्ष होता वहाँ।।3।।

---

1. 'तृष्यामि' ऐसे भी पाठ हैं।

(शिखरिणी)

दुरालोकस्तोकस्तबकनवकाशोकलतिका-
विकासः कासारोपवनपवनोऽपि व्यथयति।
अपि भ्राम्यद्भृंगीरणितरमणीयानमुकुल-
प्रसूतिश्चूतानां सखि शिखरिणीयं सुखयति।।4।।

(शिखरिणी)

अशोकों की गुच्छी अब न कुछ अच्छी लग रही
व्यथा ही देते हैं पवन वन कासार सब ही-
लगाती हैं फेरे अलिनिगण जो ऊपर चढ़ी-
रसालों के वे भी मुझ हित हुई हैं दुखमढ़ी।।4।।

(शार्दूलविक्रीडित)

साकूतस्मितमाकुलाकुलगलद्धम्मिल्लमुल्लासित-
भ्रूवल्लीकमलीकदर्शितभुजायू[1]लार्द्धदृष्टस्तनम्।।
गोपीनां निर्भृतं निरीक्ष्य ल[2]लितां कांचिच्चिर चिन्तयन्
नन्तर्मुग्धमनोहरं हरतु वः क्लेशं नवः केशवः[3]।।5।।

(शार्दूलविक्रीडित)

चोरी से हँसती सुकेश अपने किए, भौं चढ़ा
जो हैं आप दिखा रहीं कुच तथा आधी भुजाएँ बढ़ा
ऐसी गोपि-गठान देखकर भी जो राधिकाएँ ढरें
वे ही केशव क्लेश भक्त जन का टारें, निवारें, हरें।।

दूसरा सर्ग समाप्त।

---

1. 'वालार्धहस्त' अथवा 'मूलोर्ध्व'।
2. 'गमिताकांक्षश्चिरं' अथवा 'दयिताकांक्ष' ऐसे भी पाठ हैं।।
3. निर्णयसागरवाली प्रति में इस श्लोक के सम्बन्ध में प्रकाशक ने लिखा है—
'अस्य पद्यस्य व्याख्या रसमंजरीटीका पुस्तके गलितास्ति।' अर्थात् इस पद्य की व्याख्या रसमंजरी-टीका में नष्ट हो गई है।

गीत गोविन्द

॥ तृतीय सर्ग ॥

कंसारिरपि संसारवासना[1]बंधशृंखलाम्।
राधामाधाय हृदये तत्याज व्रजसुन्दरीः।।1।।

इतस्ततस्तामनुसृत्य राधिकामनंगबाणव्रणखिन्नमानसः।
कृतानुतापः स कलिन्दनंदिनीतटान्तकुञ्जे निषसाद[2] माधवः।।2।।

तीसरा सर्ग

(सामोद दामोदर)

(दोहा)

उस राधा को, जो बनी-जगवासना-जँजीर।
तज ब्रजाङ्गना-दल, दिया-हरि ने हृदय अधीर।।1।।

(वंशस्थ)

यहाँ वहाँ खोज प्रिया विलुप्त को, अनङ्ग-बाण-व्रण-खिन्न चित्त से,
मुरारि भारी अनुताप से लसे, कलिन्दजा-तीर-निकुञ्ज में बसे।।2।।
गुर्जररागे प्रतिंमठताले अष्टपदी।।7।।

मामियं चलिता विलोक्य वृतं वधूनिचयेन।
सापराधतया मयापि न वारितातिभयेन।।
हरि हरि हतादरतया गता सा कुपितेव।।ध्रु0।।1।।

किं करिष्यति किं वदिष्यति सा चिरं विरहेण।
किं धनेन जनेन किं मम[3] जीवितेन गृहेण।।2।।

चिन्तयामि तदाननं कुटिलभ्रूरोषभरेण।
शोणपद्ममिवोपरि भ्रमताकुलं भ्रमरेण।।3।।

---

1. बद्ध।

2. विषसाद।

3. मम किं गृहेण सुखेन।

तामहं हृदि संगतामनिशं भृशं रमयामि।
किं वनेऽनुसरामि तामिह किं वृथा विलपामि।।4।।

तन्वि खिन्नमसूयया हृदयं तवाकलयामि।
तन्न वेद्मि कुतो गतासि न तेन तेऽनुनयामि।।5।।

दृश्यसे पुरतो गतागतमेव मे विदधासि।
किं पुरेव ससम्भ्रमं परिरम्भणं न ददासि।।6।।

क्षम्यतामपरं कदापि तवेदृशं न करोमि।
देहि सुन्दरि[1] दर्शनं मम मन्मथेन दुनोमि।।7।।

वर्णितं जयदेवकेन हरेरिदं प्रणतेन[2]।
[3]किन्दुबिल्वसमुद्रसम्भवरोहिणीरमणेन।।8।।

हृदि विसलताहारो नायं भुजंगमनायकः
कुवलयदलश्रेणी कण्ठे न सा गरलद्युतिः।
मलयजरजो नेदं भस्म प्रियारहिते मयि
प्रहर न हरभ्रान्त्याऽनंग क्रुधा किमु धावसि।।3।।

पाणौ मा कुरु चूतसायकममुं मा चापमारोपय
क्रीडानिर्जितविश्व मूर्छितजनाघातेन किं पौरुषम्।
तस्या एव मृगीदृशो मनसिजप्रेंखत्कटाक्षानल[4]-
ज्वालाजर्ज्जरितं मनागपि मनो नाद्यापि संधुक्षते।।4।।

अष्टपदी- देख मुझको गोपिकाओं के दबाव दबोच में।
और जिसको मैं न पाया रोक, भर संकोच में।।
हाय, हाय, कुपित तिरस्कृत-सी चली प्यारी गई।।1।।
क्या कहेगी, क्या करेगी, चिरविरह का भार ले।
क्या करूँ मैं भी स्व-जन-धन प्राण या घर-बार ले।
हाय, हाय, कुपित तिरस्कृत-सी चली प्यारी गई।।2।।

---

1. 'रमण'।
2. 'प्रवणेन' ऐसे भी पाठ हैं।
3. 'तिन्दुबिल्व' वा 'केन्दुबिल्व' ऐसे भी पाठ हैं। शंकरामिश्रस्य व्याख्या :- 'किन्दुबिल्वो जयदेवकुलवृत्तिग्रामः। स एव महत्त्वात्समुद्र इव तत्र संभवो यस्य तादृशेन रोहिणीरमणेन पूर्णचन्द्रेण तस्यीन्नतिर्यथा क्रियते तथा तत्कुलस्योन्नतिर्जयदेवेन कृतेति चन्द्रसादृश्यम्।' नाभाजी के हिन्दी भक्तमाल में 'किन्दुबिल्लु' नाम दिया गया है।
4. 'कटाक्षाशुगश्रेणीजर्जरितम्' ऐसा भी पाठ है।

भूल पाता हूँ नहीं उस क्रुद्ध [illegible]का कुटिलपन।
भृंगपुंज-भ्रमाकुलित वह कमल-सा अरुणाभ तन।
हाय, हाय, कुपित तिरस्कृत-सी चली प्यारी गई।।3।।

जब हृदय में रख उसे उससे रमण हूँ कर रहा।
खोज वन में, या रुदन कर, व्यर्थ हूँ क्यों मर रहा।
हाय हाय कुपित तिरस्कृत-सी चली प्यारी गई।।4।।

जानता हूँ तन्वि तुम ही ले गई मन द्वेषमय।
हो कहाँ अज्ञात है, करता इसी से मैं विनय।
हाय हाय कुपित तिरस्कृत-सी चली प्यारी गई।।5।।

डोलती फिरती दिखायी सामने तू दे रही।
तब झपटकर अंक में मुझको न क्यों प्रिय ले रही।
हाय हाय कुपित तिरस्कृत-सी चली प्यारी गई।।6।।

दो क्षमा कर, फिर न ऐसा मैं करूँगा आचरण।
मारता मनसिज मुझे मैं सुन्दरी तेरे शरण।
हाय हाय कुपित तिरस्कृत-सी चली प्यारी गई।।7।।

कर रहे जयदेव वर्णन हरि-प्रणति का पाल पण।
किन्दुबिल्व समुद्रसम्भव रोहिणी के जो रमण।
हाय हाय कुपित तिरस्कृत-सी चली प्यारी गई।।8।।

रोला- हृदय लसा है हार महा यह सर्प नहीं है
कमल-कली है कण्ठ, गरल-द्युति दर्प नहीं है।
मलयज रज यह समझ भला क्यों छार रहा है
मार! मुझे कामारि समझ क्यों मार रहा है?।।3।।

शार्दूलविक्रीडित- हाथों में निज ले रसाल-शर से चाँपो नहीं चाप को
मारोगे मृत को, नहीं यश कहीं होगा जयी आप को।
आँखें चार किए कुरंग नयना से वह्नि में था पका
ज्वाला-जर्जर जो हुआ मन अभी ठण्डा नहीं हो सका।।4।।

भ्रूपल्लवं धनुरपांगतरंगितानि बाणा गुणः श्रवणपालिरिति स्मरेण।
तस्यामनंगजयजंगमदेवतायामस्त्राणि निर्जितजगन्ति किमर्पितानि।।5।।

भ्रूचापे निहतः कटाक्षविशिखो निर्मातु मर्मव्यथां
श्यामात्मा कुटिलः करोतु कबरीभारोऽपि भारोद्यमम्।
मोहं तावदयञ्च तन्वि तनुतां बिंबाधरो रागवान्
सद्वृत्तस्तनमंडलस्तव कथं प्राणैर्मम क्रीडति।।6।।

[1]तिर्यक्कण्ठविलोलमौलितरलोत्तंसस्य वंशोच्चर-
द्गीत[2]स्थानकृतावधानललनालक्षैर्न संलक्षिताः।
संमुग्धं मधुसूदनस्य मधुरे राधामुखेन्दौ मृदु[3]-
स्पन्दं पल्लविताश्चिरं ददतु वः क्षेमं कटाक्षोर्मयः।।7।।

इति श्रीगीतगोविन्दे मुग्धमधुसूदनो नाम तृतीयः सर्गः।।3।।

(1957, 'वासंती' पत्रिका)

❂❂❂

1. रसमंजरी टीका में इस श्लोक की व्याख्या नहीं है। कतिपय प्रतियों में इस श्लोक के पूर्व यह श्लोक मिलता है :

तानि स्पर्शसुखानि ते च तरलाः स्निग्धा दृशोर्विभ्रमा-
स्तद्वक्त्राम्बुजसौरभं स च सुधास्यन्दी गिरां वक्रिमा।
सा बिम्बाधरमाधुरीति विषयासंगेऽपि मन्मानस
तस्यां लग्नसमाधि हन्त विरहव्याधिः कथं वर्धते।।

2. 'दीप्तिस्थान'।
3. 'सुधासारे' ऐसे भी पाठ हैं।